Το μυστικό του ναρκισσιστή

Γιατί σας μισούν (και τι να κάνετε γι' αυτό)

Dan Desmarques

22 Lions

Το μυστικό του ναρκισσιστή: Γιατί σας μισούν (και τι να κάνετε γι' αυτό)

Γράφτηκε από τον Dan Desmarques

Ευρετήριο

Εισαγωγή

Σε έναν κόσμο όπου οι διαπροσωπικές σχέσεις γίνονται όλο και πιο πολύπλοκες, η κατανόηση των περιπλοκών της ανθρώπινης συμπεριφοράς δεν ήταν ποτέ πιο σημαντική. Αυτό το βιβλίο, Το μυστικό του ναρκισσιστή: Γιατί σας μισούν (και τι να κάνετε γι' αυτό), εμβαθύνει στον αινιγματικό κόσμο του ναρκισσισμού, ρίχνοντας φως στα κρυφά κίνητρα, τα καταστροφικά πρότυπα και τις βαθιές επιπτώσεις των ναρκισσιστικών ατόμων στους ανθρώπους γύρω τους.

Καθώς περιηγούμαστε στον λαβύρινθο της σύγχρονης κοινωνίας, συχνά συναντάμε άτομα που φαίνεται να λειτουργούν σε διαφορετικό μήκος κύματος - εκείνα που αποπνέουν έναν αέρα ανωτερότητας, χειραγωγούν τους άλλους με ευκολία και αφήνουν στο πέρασμά τους ένα ίχνος συναισθηματικής καταστροφής. Αυτοί είναι οι ναρκισσιστές ανάμεσά μας, και η παρουσία τους μπορεί να γίνει αισθητή στις προσωπικές μας σχέσεις, στον εργασιακό χώρο και ακόμη και στα υψηλότερα κλιμάκια της εξουσίας.

Το βιβλίο αυτό έχει ως στόχο να ξετυλίξει το κουβάρι του πολύπλοκου ιστού της ναρκισσιστικής συμπεριφοράς, προσφέροντας στους αναγνώστες μια ολοκληρωμένη κατανόηση του γιατί οι ναρκισσιστές ενεργούν με τον τρόπο που ενεργούν, πώς επηρεάζουν τους ανθρώπους γύρω τους και, το σημαντικότερο, πώς να προστατευτούν από την τοξική τους επιρροή. Με βάση εκτεταμένες έρευνες, κλινικές παρατηρήσεις και εμπειρίες από την πραγματική ζωή, εξερευνούμε την πολύπλευρη φύση του ναρκισσισμού, από τις ρίζες του στο παιδικό τραύμα μέχρι την εκδήλωσή του στις σχέσεις των ενηλίκων.

Σε αυτές τις σελίδες, θα εξετάσουμε τις διάφορες πτυχές της Ναρκισσιστικής Διαταραχής Προσωπικότητας, συμπεριλαμβανομένης της ταξινόμησής της στο πλαίσιο των διαταραχών προσωπικότητας της ομάδας Β, των νευροβιολογικών της βάσεων και των κοινωνικών της επιπτώσεων. Θα εμβαθύνουμε στον εσωτερικό κόσμο του ναρκισσιστή, αποκαλύπτοντας τις βαθιά ριζωμένες ανασφάλειες και τους φόβους που καθοδηγούν τη συμπεριφορά του, και θα διερευνήσουμε πώς εκδηλώνονται στις αλληλεπιδράσεις του με τους άλλους. Αλλά αυτό το βιβλίο δεν αφορά μόνο την κατανόηση των ναρκισσιστών - αφορά την ενδυνάμωση όσων επηρεάζονται από τη συμπεριφορά τους.

Το βιβλίο προσφέρει πρακτικές στρατηγικές για τον εντοπισμό ναρκισσιστικών χαρακτηριστικών, τον καθορισμό ορίων και την προστασία από τη χειραγώγηση και την κακοποίηση. Θα εξερευνήσουμε επίσης το θεραπευτικό ταξίδι για όσους έχουν πέσει θύματα ναρκισσιστικής κακοποίησης, προσφέροντας καθοδήγηση για την ανοικοδόμηση της αυτοεκτίμησης και την ανάκτηση της αίσθησης της ταυτότητας.

Καθώς ξεκινάμε αυτό το ταξίδι ανακάλυψης, είναι σημαντικό να σημειωθεί ότι ο όρος «ναρκισσιστής» δεν χρησιμοποιείται ελαφρά τη καρδία ή ως όρος-ομπρέλα για δύσκολες προσωπικότητες. Αντιθέτως, προσεγγίζουμε το θέμα αυτό με αποχρώσεις και βάθος, αναγνωρίζοντας το φάσμα των ναρκισσιστικών χαρακτηριστικών και την πολύπλοκη αλληλεπίδραση των παραγόντων που συμβάλλουν στην ανάπτυξή τους.

Είτε είστε επαγγελματίας ψυχικής υγείας που επιθυμεί να εμβαθύνει στην κατανόηση της ναρκισσιστικής διαταραχής προσωπικότητας, είτε κάποιος που υποψιάζεται ότι βρίσκεται σε σχέση με έναν ναρκισσιστή είτε απλώς κάποιος που ενδιαφέρεται για την ανθρώπινη ψυχολογία, το βιβλίο αυτό προσφέρει πολύτιμες γνώσεις και πρακτικά εργαλεία για να περιηγηθείτε στο δύσκολο έδαφος των ναρκισσιστικών σχέσεων.

Στο τέλος αυτού του βιβλίου, οι αναγνώστες όχι μόνο θα έχουν μια σαφέστερη κατανόηση της ναρκισσιστικής συμπεριφοράς, αλλά θα είναι επίσης εξοπλισμένοι με τις γνώσεις και τις στρατηγικές που χρειάζονται για να προστατεύσουν τον εαυτό τους και να ευδοκιμήσουν σε έναν κόσμο όπου ο ναρκισσισμός φαίνεται να βρίσκεται σε έξαρση. Ας ξεκινήσουμε μαζί αυτό το ταξίδι κατανόησης, θεραπείας και ενδυνάμωσης.

Κεφάλαιο 1: Κρυφή εχθρότητα

Όταν οι ναρκισσιστές συνειδητοποιούν ότι η εικόνα τους απειλείται από την απόφαση κάποιου άλλου, θα κάνουν ό,τι μπορούν για να αντιστρέψουν την κατάσταση και να κάνουν το άλλο άτομο να φαίνεται ότι έχει άδικο. Αυτό μπορεί να περιλαμβάνει το να προκαλούν το άλλο άτομο και στη συνέχεια να βιντεοσκοπούν κρυφά τις αντιδράσεις του, ακόμη και να επεξεργάζονται το αποτέλεσμα ώστε να φαίνεται ότι το άλλο άτομο έχει ψυχολογικά προβλήματα και είναι επικίνδυνο χωρίς λογικό λόγο. Οι δημοσιογράφοι το κάνουν αυτό συνεχώς, επειδή ειδικεύονται στην κατασκευή ειδήσεων όταν δεν υπάρχει τίποτα να πουν. Αλλά οι ναρκισσιστές είναι πιο πιθανό να το κάνουν αυτό όταν αντιλαμβάνονται κίνδυνο στο εγγύς μέλλον, γι' αυτό και δεν πρέπει ποτέ να δίνετε πληροφορίες σε έναν ναρκισσιστή. Θα τις διαστρεβλώσουν και θα τις χρησιμοποιήσουν εναντίον σας.

Σημειώστε ότι αντιλαμβάνονται τα πάντα ως απειλή, ακόμη και τις φιλικές προειδοποιήσεις, και θα εκδικηθούν με βάση αυτή και μόνο την αντίληψη. Δεν είναι ασυνήθιστο για έναν ναρκισσιστή να μισεί το άτομο που προσπάθησε περισσότερο να τον βοηθήσει, επειδή αντιλαμβάνεται τη βοήθεια ως κρυφή εχθρότητα και τη χρησιμοποιεί εναντίον άλλων. Προβάλλουν τις δικές τους χειριστικές προθέσεις σε όσους προσπαθούν πραγματικά να τους βοηθήσουν. Ένα άλλο πράγμα που κάνουν είναι να αντιλαμβάνονται μια απειλή στο περιβάλλον τους ως ανταγωνισμό και στη συνέχεια να κάνουν τα πάντα για να εξασφαλίσουν ότι το άλλο άτομο θα απολυθεί ή θα συλληφθεί. Μπορούν να το κάνουν αυτό διαδίδοντας φήμες που κάνουν τους άλλους να μισούν το άτομο.

Συχνά, όμως, η απειλή προέρχεται από έναν σύζυγο που έχει μεγαλύτερη αξιοπιστία μεταξύ των μελών της οικογένειας ή από έναν φίλο που είναι σοφότερος και μπορεί να διακρίνει το ψέμα από την αλήθεια. Ακόμα και ένας μαθητής που είναι σε θέση να κάνει τις σωστές ερωτήσεις θεωρείται απειλή από τους καθηγητές που δεν θέλουν να μάθουν οι άλλοι για τη βιτρίνα τους, τους χειρισμούς τους και την απόλυτη άγνοιά τους όταν κάνουν τη δουλειά τους. Για παράδειγμα, με μισούσαν αφάνταστα όταν ήμουν μαθητής επειδή δεν είχα κανέναν άλλο λόγο από το να κάνω τις σωστές ερωτήσεις αντί να δέχομαι όλα όσα λέγονται στην τάξη όπως οι άλλοι. Αυτοί οι καθηγητές συχνά με συκοφαντούσαν στις συζητήσεις τους, όπως μου είπαν κάποιοι από αυτούς, επειδή είχαν εμμονή με το μίσος τους για μένα.

Μου πήρε χρόνια να καταλάβω το γιατί, γιατί ήμουν απλώς ένας μαθητής που έκανε ερωτήσεις που θεωρούσαν φυσιολογικές. Αργότερα, συνειδητοποίησα ότι αυτοί οι άνθρωποι εργάζονται ενεργά για να υπονομεύσουν ή να σαμποτάρουν την κοινωνική εικόνα ενός ατόμου με σκοπό να το απομακρύνουν από τη θέση του ή να το απαξιώσουν, πράγμα που στην προκειμένη περίπτωση σημαίνει ότι προσπαθούν να το αποβάλουν και να το αποβάλουν. Αυτός είναι ο λόγος για τον οποίο δεν μου επιτράπηκε ποτέ να δω τα γραπτά των εξετάσεών μου μετά τη διόρθωσή τους. Τα έκρυβαν και μου έδειχναν μόνο τον τελικό βαθμό. Όταν διαμαρτυρήθηκα για την κατάσταση με νόμιμα μέσα, χρησιμοποίησαν την αντίδρασή μου για να με συκοφαντήσουν ακόμη περισσότερο μπροστά σε άλλους.

Εντάθηκαν οι προσπάθειές τους να με αποβάλουν όταν ζήτησα δικαιοσύνη. Διέδωσαν περισσότερες ψευδείς ιστορίες και φήμες για μένα, επειδή με θεωρούσαν απειλή, και έστρεψαν τους άλλους εναντίον μου, ώστε κανείς να μην με ακούει. Είχαν δίκιο; Κατά κάποιο τρόπο είχαν, επειδή τους εξέθεσα. Ποτέ δεν ανέχτηκα την κακοποίησή τους και τους αντιμετώπισα ακόμη και όταν άλλοι φοβόντουσαν να πουν τη γνώμη τους, παρόλο που κρυφά με ευχαριστούσαν που ήμουν η φωνή τους.

Τιμωρήθηκα επειδή ήμουν ειλικρινής, ανιδιοτελής, γενναίος, δίκαιος και επειδή εκπροσωπούσα τις ανάγκες των άλλων μαθητών να ακουστούν. Ποτέ δεν είπα κάτι που οι άλλοι δεν μπορούσαν να δουν, αλλά φοβόντουσαν να μιλήσουν.

Έτσι ακριβώς κερδίζουν πάντα οι ναρκισσιστές, κάνοντας παράδειγμα τον αποδιοπομπαίο τράγο και κρατώντας όλους τους άλλους να φοβούνται ότι θα είναι οι επόμενοι. Σήμερα, δεν μπορούν να τον κάψουν ζωντανό σε μια δημόσια πλατεία, οπότε τον εξευτελίζουν. Η πρόθεση είναι η ίδια: να κάψουν την ακεραιότητά του σε μια δημόσια πλατεία.

Δεν υπάρχει τίποτα λογικό να κάνει κανείς με αυτούς τους ανθρώπους, εκτός από το να τους αποβάλει από όλους τους θεσμούς. Είναι παράσιτα και δαίμονες στην καλύτερη περίπτωση, και δεν μπορούν να συγκριθούν ή να αντιμετωπιστούν όπως οι απλοί άνθρωποι. Η αξιοπιστία που αποκτούν ως δάσκαλοι και θεραπευτές δεν σημαίνει τίποτα, επειδή δεν εφαρμόζουν καμία επιστήμη ή ακεραιότητα στο έργο τους.

Κεφάλαιο 2: Επιδράσεις των χαμηλών ενεργειακών συχνοτήτων

Κάποτε ήρθα αντιμέτωπη με μια ψυχολόγο που ενθάρρυνε τον ασθενή της να κάνει χρήση φαρμάκων, τόσο ψυχοτρόπων όσο και ψυχοδραστικών, αγνοώντας το γεγονός ότι το άτομο αυτό είχε αυτοκτονικές σκέψεις. Είπε μάλιστα στον ασθενή ότι είναι φυσιολογικό να σκέφτεται την αυτοκτονία, αγνοώντας τον κίνδυνο στον οποίο βρισκόταν ο ασθενής. Αντί να μου μιλήσει για τη χρήση της ψυχολογίας για την ψυχολογική κακοποίηση κάποιου, το έβαλε στα πόδια. Την αποκάλεσα ψυχοπαθή που θα έπρεπε να κλείσει σε ψυχιατρικό ίδρυμα αντί να κερδίζει χρήματα από τους άλλους ενώ τους κακοποιεί στη θεραπεία, αλλά εκείνη αντέδρασε σαν παιδί και απλώς έτρεξε μακριά μου.

Αυτό συνέβη στη Λιθουανία, η οποία, σύμφωνα με τον Παγκόσμιο Οργανισμό Υγείας (ΠΟΥ), βρίσκεται συνήθως στην κορυφή της λίστας όσον αφορά τα ποσοστά αυτοκτονιών ανά 100.000 άτομα. Η Λιθουανία είναι επίσης συνήθως μεταξύ των πέντε πρώτων χωρών στον κόσμο όσον αφορά τις αυτοκτονίες. Αλλά ενώ οι άνθρωποι προσπαθούν να μαντέψουν τα αίτια, αυτοί είναι πολύ πιο μπροστά από όλους τους άλλους: οι δικοί τους ψυχολόγοι. Αυτός εδώ, συγκεκριμένα, γράφει για περιοδικά, έχει blog και μάλιστα καθοδηγεί άλλους ψυχολόγους στη δουλειά τους. Ακούγεται πολύ σουρεαλιστικό για να είναι αληθινό, αλλά είναι πολύ πιο συνηθισμένο από ό,τι θέλει να πιστεύει ο κόσμος.

Αν και οι ίδιοι οι Λιθουανοί είναι από τους πιο βρώμικους, αγενείς και ηλίθιους ανθρώπους που έχω γνωρίσει ποτέ, οι ψυχολόγοι τους κάνουν μια ήδη υποτιμητική κουλτούρα πολύ χειρότερη από ό,τι είναι ήδη. Ο μόνος λόγος για τον οποίο κάποιος θα ήθελε να ταξιδέψει στη Λιθουανία είναι για να επισκεφθεί το μεγαλύτερο υπαίθριο μουσείο ναρκισσισμού στον κόσμο: την κουλτούρα τους. Εδώ μπορείτε να δείτε ανθρώπους να υποτιμούν ο ένας τον άλλον, να κάνουν τις πιο ηλίθιες υποθέσεις για τον καθένα, να κρίνουν συνέχεια, να κουτσομπολεύουν αρνητικά για τους άλλους χωρίς ιδιαίτερο λόγο εκτός από φθόνο και μια παραπλανητική αίσθηση αλαζονείας, και ακόμα χειρότερα, να βάζουν γυαλιά και πέτρες στη σούπα, να φτιάχνουν πίτσες με σάπιο τυρί και σάπια μανιτάρια, να φτιάχνουν σούσι με σάπιο ρύζι, ακόμα και μούχλα πάνω στο ρύζι, και να επαναχρησιμοποιούν φλιτζάνια καφέ που δεν έχουν πλυθεί ποτέ. Είναι μια πλήρης επίδειξη βρωμιάς και υποκρισίας, αλλά είναι επίσης η πιο προφανής επίδειξη ναρκισσισμού όταν αυτός είναι ριζωμένος σε μια κουλτούρα.

Θα σας πουν ότι το γυαλί ή η πέτρα που βρήκατε στο φαγητό ήταν ατύχημα, λες και αυτό δεν συμβαίνει συνέχεια και επίτηδες, όταν μισούν τους πελάτες και μάλιστα τους μιλούν αγενώς. Θα αρνηθούν ότι δεν πλένουν τα ποτήρια και τα πιάτα τους, αν και το έχω δει με τα ίδια μου τα μάτια. Θα πουν επίσης ότι ο κόσμος δεν σας κοίταζε επιθετικά, αλλά ότι ήταν πολύ ντροπαλός για να σας μιλήσει. Αυτές οι αντιδράσεις είναι επίσης μέρος αυτού που κάνουν οι ναρκισσιστές όταν ζητάτε εξηγήσεις. Λέγεται άρνηση της δικής σου πραγματικότητας, ώστε να νομίζεις ότι εσύ είσαι ο τρελός και όχι εκείνοι.

Αν και νομίζω ότι η Λιθουανία και η Πολωνία θα μπορούσαν να συναγωνιστούν για την πρώτη θέση σε ρατσισμό, ξενοφοβία και άγνοια, οι Λιθουανοί είναι ιδιαίτερα ανταγωνιστικοί με την έννοια ότι πέφτουν πάνω σε ανθρώπους που μισούν, ειδικά σε ταξιδιώτες που μοιάζουν διαφορετικοί από τους ντόπιους. Επίσης, κρίνουν τους ανθρώπους από το χρώμα του δέρματός τους και δεν αλλάζουν καν πορεία αν ένας μαύρος περπατάει προς την ίδια κατεύθυνση στο δρόμο. Ακόμα χειρότερα, αν είστε μαύρος, οι άγνωστοι στο δρόμο θα πουν στους λευκούς δίπλα σας, στη δική τους γλώσσα, να προσέχουν και να σας αποφεύγουν.

Το να μιλάμε για τη Λιθουανία και την Πολωνία είναι σαν να μιλάμε για τη χώρα των διανοητικά καθυστερημένων και τη χώρα των Ναζί, γιατί είναι ακριβώς και περήφανα αυτό που η ιστορία και οι σύγχρονες στατιστικές λένε γι' αυτές. Οι μόνες εξαιρέσεις που βρήκα σε αυτές τις χώρες προήλθαν από τους μετανάστες τους. Αλλά μαζί, αυτά τα δύο έθνη θα μπορούσαν να αντιπροσωπεύουν τις Ηνωμένες Πολιτείες του Ναρκισσισμού.

Παρόλο που ορισμένα έθνη έχουν περισσότερους ψυχικά ασθενείς από άλλα, συχνά λόγω πολιτισμών που προωθούν τις ψυχικές ασθένειες, θα πρέπει να γνωρίζετε ότι αυτό που αποκαλούμε τοξικούς ανθρώπους, καταπιεστικούς ανθρώπους, ηλίθιους ανθρώπους, ψυχοπαθείς, κοινωνιοπαθείς ή απλώς ναρκισσιστές, μεταξύ άλλων διαταραχών προσωπικότητας της ομάδας Β, όπως ταξινομούνται από το Διαγνωστικό και Στατιστικό Εγχειρίδιο Ψυχικών Διαταραχών (DSM-5) που δημοσίευσε η Αμερικανική Ψυχιατρική Εταιρεία, αναφέρεται σε άτομα που εκφράζουν μια συγκεκριμένη ψυχική κατάσταση μέσα σε μια συγκεκριμένη δόνηση που είναι κοινή για αυτούς.

Αυτό δεν είναι απλώς θεωρία ή άποψη, καθώς μπορεί να μετρηθεί και μπορείτε να αισθανθείτε πότε κάποιος στο δωμάτιο έχει υψηλότερη δόνηση από εσάς. Αυτή η αλλαγμένη συχνότητα στο ενεργειακό πεδίο γίνεται αντιληπτή ως απειλή για αυτούς, ακόμη και αν το άτομο αυτό δεν έχει ανοίξει ποτέ το στόμα του για να μιλήσει ή είναι απλώς ένας ξένος μόνος του.

Έχω δει αυτό να συμβαίνει σε άλλους ανθρώπους και στον εαυτό μου αμέτρητες φορές, συμπεριλαμβανομένων ανθρώπων που έστρεφαν το πρόσωπό τους προς το μέρος μου όταν δεν ήμουν κοντά τους ή μπροστά τους, ή που έτρεχαν μακριά μου από φόβο, μόνο και μόνο επειδή αισθάνθηκαν κίνδυνο όταν καθόμουν μόνος μου σε ένα παγκάκι σε ένα πάρκο ή σε μια καφετέρια, χωρίς να κάνω τίποτα για να δικαιολογήσω αυτή τη συμπεριφορά.

Κεφάλαιο 3: Η αόρατη μάχη

Πολλοί άνθρωποι αντιδρούν με πολύ σχιζοφρενικό τρόπο όταν βρίσκομαι κοντά τους, για κανέναν άλλο λόγο εκτός από το πώς αισθάνονται, επειδή η ενεργειακή τους συχνότητα είναι εξαιρετικά χαμηλή. Θυμάμαι μια φορά που περπατούσα στο νησί της Χίου στην Ελλάδα και είδα μια γυναίκα ντυμένη στα μαύρα να κάθεται σε ένα παγκάκι με θέα τη θάλασσα. Διαισθάνθηκε την παρουσία μου και αμέσως έστρεψε το κεφάλι της προς το μέρος μου έντρομη. Όταν με είδε, σηκώθηκε και άρχισε να τρέχει προς την αντίθετη κατεύθυνση, κοιτάζοντας πίσω για να δει αν την ακολουθούσα. Αλλά ήμουν απλώς ένας συνηθισμένος άνθρωπος, ντυμένος σαν ντόπιος και κοιτούσα τη δουλειά μου. Περπατούσα μόνη μου και θα την προσπερνούσα χωρίς να πω τίποτα, αν συνέχιζε να κάθεται στο ίδιο παγκάκι. Η παρανοϊκή της αντίδραση δεν είχε κανένα νόημα, εκτός αν εξετάσετε την εξήγηση των ενεργειακών συχνοτήτων. Είχε ένα αρνητικό ενεργειακό πεδίο και η παρουσία μου, ακόμη και από απόσταση, πυροδότησε τις ανασφάλειές της.

Δεν εξεπλάγην γιατί αυτό μου συμβαίνει συνέχεια. Αλλά δεν περιμένω από τους απλούς ανθρώπους να το καταλάβουν αυτό, επειδή είναι τυφλοί σε αυτές τις πληροφορίες. Ωστόσο, μου κίνησαν την περιέργεια οι φοιτητές που είπαν ότι ένιωθαν περισσότερη ενέργεια, κίνητρα και ευτυχία στην παρουσία μου χωρίς ιδιαίτερο λόγο. Μου έδειξαν ότι αν ένα άτομο έχει προδιάθεση σε μια υψηλότερη συχνότητα, θα την απορροφήσει φυσικά και θα επωφεληθεί από αυτήν αντί να τη φοβάται. Αν δεν συμβεί αυτό, θα υπάρχει φόβος και άγχος στο μυαλό του ναρκισσιστή, ο οποίος μπορεί να σχεδιάσει έναν τρόπο να απομακρύνει το άτομο υψηλότερης συχνότητας από το περιβάλλον μέσω συκοφαντίας.

Σε μια συγκεκριμένη περίπτωση, ένας από τους συναδέλφους μου από τις Ηνωμένες Πολιτείες πιάστηκε να ακούει το μάθημά μου πίσω από την πόρτα για να πάρει πληροφορίες που θα μπορούσε να χρησιμοποιήσει εναντίον μου.

Όσοι βλέπουν αυτά τα πράγματα και δεν μπορούν να τα καταλάβουν, τείνουν να εκλογικεύουν τη συμπεριφορά για να αποφύγουν να αντιμετωπίσουν την πραγματικότητα μπροστά τους, επειδή ξεφεύγει από την αντίληψή τους για τον κόσμο. Είναι τόσο μακριά από την πραγματικότητα για τη συντριπτική πλειοψηφία των ανθρώπων που αρνούνται να το πιστέψουν όταν συμβαίνει μπροστά στα μάτια τους. Οι άνθρωποι γύρω μου προσπάθησαν να επινοήσουν λόγους που δεν ήταν αρκετά βάσιμοι για να αντικαταστήσουν το γεγονός ότι δέχτηκα επίθεση για κανέναν άλλο λόγο εκτός από τη δόνησή μου. Ο ίδιος ο επιτιθέμενος συχνά εκλογικεύει τους λόγους για τους οποίους με μισεί, επειδή δεν έχει κανέναν που να μπορεί να λεκτικοποιήσει, γι' αυτό και προκαλεί και προσβάλλει πρώτος. Προσπαθούν να βρουν αυτόν τον λόγο.

Αυτά τα πράγματα συνέβαιναν τόσο συχνά στη ζωή μου που ένιωθα απελπισμένη, σαν να τρελαινόμουν από τις τόσες συνεχείς επιθέσεις, ενώ η υπόλοιπη κοινωνία αρνιόταν τα γεγονότα ακόμα και όταν τα έβλεπε με τα ίδια της τα μάτια. Έπρεπε να καταλήξω στο συμπέρασμα ότι οι απλοί άνθρωποι αρνούνται να δουν αυτό που δεν μπορούν να καταλάβουν, και ως εκ τούτου αρνούνται να πιστέψουν τα μάτια τους όταν δεν έχουν καμία εξήγηση στο μυαλό τους για αυτό που βλέπουν. Ως αποτέλεσμα, μπόρεσα να κατανοήσω αυτές τις καταστάσεις μόνο με το να εντρυφήσω σε διάφορα θρησκευτικά θέματα. Μέσα από διάφορους ειδικούς στη μυστική γνώση και τον εξορκισμό πήρα τελικά τις απαντήσεις. Παρόλα αυτά, δεν μπορούσα να καταλάβω γιατί μου επιτίθονταν, και μου πήρε πολύ περισσότερο χρόνο να το συνειδητοποιήσω, επειδή είχα εκπαιδευτεί από δύο ναρκισσιστές γονείς να μην βλέπω ποτέ αυτά τα πράγματα.

Μόνο όταν άνοιξα τις πραγματικές μου δυνατότητες ως πνεύμα, ήρθαν όλα στο φως. Τώρα περιμένω αυτά τα πράγματα να συμβούν λόγω της σημασίας της δουλειάς μου στον κόσμο και της ανανεωμένης εμπιστοσύνης μου στις ικανότητές μου. Έτσι, αντί να πολεμώ τη φύση του κακού, έχω μάθει απλά να το αποδέχομαι ως την κατάσταση του κόσμου. Πολλοί είναι τυφλοί, άλλοι είναι καθαρά κακοί, και όπου πηγαίνει το φως, το σκοτάδι αντιδρά με δυσφορία.

Η εκπαίδευσή μου στην τέχνη της τηλεπάθειας οδήγησε τις γνώσεις μου σε ένα εντελώς νέο βάθος, καθώς ποτέ δεν φανταζόμουν πόσο απίστευτα αηδιαστικό και άρρωστο μπορεί να είναι το μυαλό ενός ναρκισσιστή. Το να μπορώ να διαβάζω το μυαλό της μητέρας μου και να ανακατευθύνω ή και να παρακάμπτω τις σκέψεις της με έκανε να συνειδητοποιήσω πόσο εμμονική ήταν η υποτίμηση και η απαξίωσή μου, λες και δεν μπορούσε να ελέγξει την ανάγκη της να μου επιτεθεί και βασανιζόταν από αυτό. Είδα ακριβώς το ίδιο πράγμα σε ναρκισσιστικούς συντρόφους που έχυναν δάκρυα όταν η σχέση τελείωνε ως αποτέλεσμα των δικών τους αρνητικών ψυχαναγκαστικών συμπεριφορών.

Οι ναρκισσιστές δεν είναι μόνο ψυχικά άρρωστοι, αλλά και υποδοχείς δαιμονικής επιρροής κατώτερης φύσης. Η κοινωνία δεν έχει ούτε τη γνώση ούτε τη διάκριση για να αντιμετωπίσει αυτά τα άτομα και η ψυχιατρική απέχει πολύ από το να τα κατανοήσει πραγματικά πέρα από τις πράξεις τους. Στην πραγματικότητα, η απαθής κατάσταση των μαζών τις οδηγεί στο να αρνούνται τα στοιχεία μπροστά στα μάτια τους και να απορρίπτουν την αρνητική επιρροή του ναρκισσισμού ως δικαιολογημένη, όταν πρόκειται να βρουν έναν αποδιοπομπαίο τράγο για να αποφύγουν να κοιτάξουν τον εαυτό τους και να αντιμετωπίσουν τους κινδύνους που εγκυμονούν οι ναρκισσιστές γύρω τους.

Κεφάλαιο 4: Οι αντιφάσεις του ναρκισσιστικού νου

Παρόλο που η κοινωνία θεωρεί λανθασμένα ότι η καλύτερη απάντηση στους κακούς ανθρώπους είναι να μην τους δίνετε λόγο, η αλήθεια είναι ότι όσο η δόνησή σας είναι αρκετά υψηλή, θα γίνετε στόχος αυτών των ανθρώπων με χαμηλή δόνηση, οι οποίοι συχνά λειτουργούν ως δοχεία για δαιμονικές οντότητες, ακριβώς επειδή η ψυχή σας στερείται ζωτικής ενέργειας και η δόνησή σας είναι αρκετά χαμηλή για να προσελκύει τέτοιες οντότητες. Έχουν χαμηλώσει τη δόνησή τους από επιλογή, διαπράττοντας εγκλήματα που δεν θέλουν να γνωρίζουν οι άλλοι, κάνοντας χρήση ναρκωτικών που αλλοιώνουν το μυαλό και τρέφοντας σκέψεις μνησικακίας προς τους άλλους, ακόμη και αν η αιτία είναι ένας γονιός που τους έχει τραυματίσει για μια ζωή ή απλά η ζήλια.

Δεν είναι ασυνήθιστο για μια γυναίκα που εγκαταλείφθηκε από τον πατέρα της ή που είδε τον πατέρα της να κακοποιεί σωματικά τη μητέρα της όταν ήταν παιδί, να γίνει ναρκισσίστρια που μισεί πάντα τους άνδρες και δυσπιστεί απέναντι στις γυναίκες, ή ακόμη και να τρέφει δυσαρέσκεια προς τις γυναίκες ενώ προσποιείται ότι τις βοηθάει. Αυτό συνέβη με μια Ουκρανή γυναίκα που γνώρισα, η οποία εγκαταλείφθηκε από τον πατέρα της όταν ήταν παιδί και στη συνέχεια αποφάσισε να εργαστεί ως ψυχολόγος βοηθώντας γυναίκες που περνούν διαζύγιο. Παραδέχτηκε επίσης ότι δεν μπορούσε να λύσει τα προβλήματα κανενός.

Έχω γνωρίσει πολλούς ψυχολόγους που κάνουν ακριβώς αυτό, αλλά με κάθε πράξη εναντίον της κοινωνίας, το άτομο αυτό διαιωνίζει την ψυχική του κατάσταση και βυθίζεται βαθύτερα στην άβυσσο του φόβου, όπου μπορεί να βρει γαλήνη μόνο χειραγωγώντας, υποτιμώντας και υποβαθμίζοντας τους άλλους. Αυτός είναι ο λόγος για τον οποίο πολλοί από αυτούς τους ανθρώπους υποφέρουν τρομερά από το ίδιο τους το μυαλό και αναζητούν συνεχώς ανακούφιση σε εναλλακτικές μεθόδους, όπως συνέβη με εκείνη την Ουκρανή ψυχολόγο που έψαχνε συνεχώς για απαντήσεις και δεν μπορούσε να τις βρει. Η ίδια ένιωθε μοναξιά και δεν μπορούσε να βρει σύντροφο στην ηλικία των 35 ετών.

Φαινόταν ότι έψαχνε για απαντήσεις όσο έψαχνε και για δικαιολογίες για τις πεποιθήσεις της, γιατί αυτός είναι ο κύκλος στον οποίο μπαίνουν οι ναρκισσιστές όταν αρνούνται να υπερβούν τις εκλογικεύσεις τους για τον κόσμο. Ένας ναρκισσιστής μπορεί να σας προσβάλει χίλιες φορές και στη συνέχεια, όταν εσείς απαντάτε, να λέει: «Βλέπετε, ήξερα ότι προσποιείσαι ότι είσαι κάποιος άλλος, επειδή δεν είσαι καλός άνθρωπος».

Βλέπουν τους άλλους όπως βλέπουν τον εαυτό τους, οπότε δεν πιστεύουν ότι κάποιος μπορεί να προσποιείται ότι είναι κάποιος άλλος για τόσο πολύ καιρό. Με άλλα λόγια, δεν μπορούν να πιστέψουν ότι οι άνθρωποι μπορούν να είναι ειλικρινείς, επειδή στον εγκέφαλο του ναρκισσιστή το ένα ισούται με το δύο και το μηδέν. Ή, όπως μου έλεγε η ναρκισσιστική μαμά μου: Οι άνθρωποι είναι κακοί και πρέπει να μάθεις να είσαι πιο έξυπνος από αυτούς.

Έτσι βλέπουν πραγματικά οι ναρκισσιστές τον εαυτό τους στον κόσμο, ως θύματα ενός μεγαλύτερου κακού, στο οποίο το δικό τους κακό δικαιολογείται από την ανάγκη να επιβιώσουν σε αυτή την κόλαση. Γι' αυτό πιστεύουν ότι η ηθική είναι για τους αδύναμους και η ειλικρίνεια για τους ηλίθιους. Εκτιμούν μόνο την εξαπάτηση, γι' αυτό και οι αγαπημένες ταινίες των ναρκισσιστών αναφέρονται συχνά ως εξής: Η λίστα του Σίντλερ, Βασικό ένστικτο, Ο ταλαντούχος κύριος Ρίπλεϊ, Νυμφομανής, Ο λύκος της Wall Street, Ex Machina. Τι κοινό έχουν αυτές οι ταινίες; Άτομα που επιτυγχάνουν την επιτυχία μέσω της εξαπάτησης και εξαπατούν τους πάντες.

Οι ναρκισσιστές μελετούν τον εαυτό τους μέσα από τις ταινίες όσο μελετούν και τον αποκρυφισμό, όχι επειδή ο αποκρυφισμός είναι κακός από μόνος του, αλλά επειδή αναζητούν τρόπους να πάρουν πληροφορίες για τους άλλους ανθρώπους που δεν τους έχουν πει ποτέ. Ένας ναρκισσιστής σχεδόν ποτέ δεν προβληματίζεται για τη συμπεριφορά του, ακόμη και όταν το θέλει, γι' αυτό και καταλήγει να εμβαθύνει στη χειραγώγησή του όταν μελετά τον εαυτό του. Ο μόνος λόγος για τον οποίο ένας ναρκισσιστής θα πήγαινε σε ψυχολόγο είναι για να μάθει περισσότερα για τα δικά του θύματα. Σχεδόν κάθε ναρκισσιστής έχει κάπου κρυμμένη μια τράπουλα με κάρτες ταρώ, όχι για να μελετήσει τον εαυτό του, αλλά για να μελετήσει τους ανθρώπους που γνωρίζει.

Για τους ίδιους λόγους, δεν είναι ασυνήθιστο για πολλούς αποτυχημένους ψυχολόγους που πάσχουν από ναρκισσισμό να εξερευνούν τη χρήση της χαρτομαντείας, των ρούνων και άλλων μαντικών μεθόδων στην πρακτική τους με σκοπό να θεραπεύσουν τον εαυτό τους και τους άλλους, αναγνωρίζοντας ουσιαστικά την αποτυχία της ψυχολογίας να τους βοηθήσει. Ωστόσο, όπως ακριβώς οι ναρκισσιστές αναζητούν θεραπεία για να βελτιώσουν την τακτική τους, έτσι και οι ναρκισσιστές θεραπευτές προσφέρουν στους ασθενείς τους την απόλυτη αποτυχία τους μέσω πιο χειριστικών μεθόδων και περαιτέρω υποβάθμισης της κοινωνίας, τις οποίες παρουσιάζουν ως καινοτόμους τρόπους ανύψωσης των άλλων που βασίζονται σε αποκρυφιστικές πρακτικές και μελέτες.

Το ίδιο κάνουν και μέσω της θρησκείας, γι' αυτό και μπορεί να είναι τόσο μπερδεμένο να βρίσκει κανείς βιαστές και παιδόφιλους μεταξύ των θρησκευτικών ηγετών. Στις αρχές της δεκαετίας του 2000, η Αρχιεπισκοπή της Βοστώνης βρέθηκε στο επίκεντρο ενός μεγάλου σκανδάλου που αφορούσε τη σεξουαλική κακοποίηση ανηλίκων από ιερείς. Η έρευνα αποκάλυψε ότι η εκκλησία συγκάλυπτε συστηματικά αυτές τις κακοποιήσεις επί δεκαετίες. Ο John Geoghan, καθολικός ιερέας της Αρχιεπισκοπής της Βοστώνης, κατηγορήθηκε για σεξουαλική κακοποίηση περισσότερων από 130 παιδιών επί 30 χρόνια. Αλλά ιστορίες παιδεραστίας και βιασμών συναντώνται επίσης μεταξύ ινδουιστών γκουρού, ισλαμιστών λογίων, βουδιστών μοναχών, αρχών των Σιχ και εβραίων ραβίνων.

Κεφάλαιο 5: Η εξέλιξη της σκέψης

Δεν υπάρχει τέλος στο τι μπορούν να κάνουν οι ναρκισσιστές, όπως έχω δει πολλές φορές όλα αυτά τα χρόνια. Γράφουν ακόμη και βιβλία για εναλλακτικές μεθόδους ή εφευρίσκουν τις δικές τους μεθόδους και τους δίνουν μυστικιστικά ονόματα, όπως κοσμικές συνδέσεις, και στη συνέχεια χρησιμοποιούν τον τίτλο του ψυχολόγου ή του γιατρού για να δώσουν μεγαλύτερη αξιοπιστία στην καταστροφή τους, ενώ η ίδια η πράξη είναι μια πλήρης αντίφαση με αυτό που θα έπρεπε να είναι η επιστήμη.

Δεν αποτελεί έκπληξη το γεγονός ότι πρόκειται για τους ίδιους ανθρώπους που συγχέουν τον εγκέφαλο με την ψυχή και το πνεύμα, αναμειγνύοντάς τα σαν να έφτιαχναν ένα smoothie με διαφορετικά συστατικά.

Από την άλλη πλευρά, ο εγκέφαλος δεν είναι διαμερισματοποιημένος, όπως διδάσκει η νευρολογία, που συχνά αντιφάσκει με τις ίδιες τις θεωρίες της, αλλά λειτουργεί ως μια ολοκληρωτική μηχανή που λειτουργεί με βάση την πνευματική κατάσταση του ατόμου, και αυτό σημαίνει ότι αν το άτομο μετατοπίσει την εστίασή του στην αρνητικότητα, τη δυσαρέσκεια και την αυτοκριτική, αυτά τα συναισθήματα θα λειτουργήσουν ως καταλύτες για τον εγκέφαλο και αυτός θα αλλάξει ανάλογα.

Η σύγχυση ολόκληρου του εγκεφάλου με τα μέρη του ή του εγκεφάλου με την ψυχή, την προσωπικότητα και το πνεύμα είναι η βασική αιτία όλων των παρεξηγήσεων τόσο στην επιστήμη όσο και στη θρησκεία, και δεν αποτελεί έκπληξη το γεγονός ότι οι ναρκισσιστές είναι αυτοί που διαιωνίζουν, προωθούν και ενισχύουν περισσότερο αυτή τη σύγχυση. Αλλά αν το αγαπημένο όπλο του ναρκισσιστή είναι η σύγχυση, το αντίθετο είναι επίσης αυτό που φοβούνται περισσότερο οι ναρκισσιστές: η διαύγεια, η διορατικότητα και η αντικειμενικότητα.

Όσο περισσότερο καταλαβαίνετε και γνωρίζετε, τόσο περισσότερο μπορείτε να αντισταθείτε στο χάος που προωθούν οι ναρκισσιστές και να αποστασιοποιηθείτε από αυτόν τον κόσμο. Τι κάνουν λοιπόν οι ναρκισσιστές για να σταματήσουν τα περίεργα μυαλά όπως το δικό σας; Γράφουν βιβλία που υπόσχονται απαντήσεις και προσθέτουν περισσότερη σύγχυση στο μυαλό σας. Επίσης, αντικαθιστούν την ανάγκη σας να κατανοήσετε με την επιτακτική ανάγκη να απομνημονεύσετε ή να αντιμετωπίσετε την τιμωρία μέσω του εκπαιδευτικού συστήματος ή οποιασδήποτε μεθόδου μάθησης χρησιμοποιείτε.

Στην ουσία, οι ναρκισσιστές κάνουν ό,τι μπορούν για να σας εμποδίσουν να καταλάβετε οτιδήποτε και, με τόσους πολλούς από αυτούς στον κόσμο, δεν αποτελεί έκπληξη το γεγονός ότι η εμπιστοσύνη ή η ικανότητα να σας εμπιστεύονται, έχει γίνει τόσο σπάνια ιδιότητα. Ωστόσο, ακόμη και αυτό βάλλεται από τους ναρκισσιστές, καθώς κάνουν τα πάντα για να απαξιώσουν το πιο αξιόπιστο άτομο. Οι ναρκισσιστές το κάνουν αυτό συνεχώς όταν αναλύουν τα βιβλία μου, αφήνοντας ύβρεις που δεν λένε τίποτα για το περιεχόμενο. Ο συγγραφέας είναι κακός, τρελός, ναρκισσιστής και ψυχοπαθής είναι μεταξύ αυτών των προσβολών.

Οι ναρκισσιστές συνήθως κερδίζουν επειδή ο υπόλοιπος πληθυσμός είναι αρκετά ηλίθιος, απαθής και απληροφόρητος ώστε να πιστεύει οτιδήποτε ή τουλάχιστον να το θεωρεί μια ανόητη γνώμη χωρίς κοινή λογική. Πολλοί άνθρωποι δεν θα βρουν ποτέ τις απαντήσεις που αναζητούν επειδή ένας ναρκισσιστής έχει γράψει ένα ψέμα για έναν συγγραφέα ή το βιβλίο του.

Είναι κρίμα που οι άνθρωποι ξεγελιούνται τόσο εύκολα. Η άγνοια είναι πραγματικά η καταστροφή τους με πολλούς τρόπους εκτός από αυτούς που γίνονται αντιληπτοί με το μάτι. Αλλά ο κόσμος δεν θα είναι καλύτερο μέρος αν επιτρέψουμε να συνεχιστεί αυτή η δυναμική. Οι ναρκισσιστές είναι πολύ πιο δραστήριοι στο να καταστρέφουν τον κόσμο από ό,τι οι άλλοι άνθρωποι στο να επαινούν εκείνους που τους βοηθούν και συμβάλλουν σε έναν καλύτερο κόσμο. Ένας ναρκισσιστής θα επενδύσει δισεκατομμύρια για να καταστρέψει ένα έθνος, αλλά ο μέσος άνθρωπος σπάνια θα πληρώσει κάτι για ένα βιβλίο.

Σύμφωνα με έρευνα του Pew Research Centre στις Ηνωμένες Πολιτείες το 2018, περίπου το 24% των Αμερικανών ενηλίκων δήλωσε ότι δεν έχει διαβάσει κανένα βιβλίο, αλλά το ίδιο έτος οι Ηνωμένες Πολιτείες επένδυσαν 740 δισεκατομμύρια δολάρια σε στρατιωτικές δραστηριότητες.

Είστε ανόητοι αν νομίζετε ότι οι ναρκισσιστές θα αλλάξουν αυτή τη δυναμική και δεν θα προσπαθήσουν περισσότερο να την κάνουν χειρότερη. Οι ναρκισσιστές δεν ενδιαφέρονται να εκπαιδεύσουν έναν πληθυσμό. Τους ενδιαφέρει να αποκτήσουν περισσότερη δύναμη μέσω της υποβάθμισης και της εξαθλίωσης των άλλων, οπότε εκεί επενδύουν το χρόνο και την προσπάθειά τους.

Οι άνθρωποι είναι θύματα της ίδιας τους της βλακείας όταν επενδύουν το χρόνο τους στο να πολεμούν άλλες ομάδες ανθρώπων αντί να διαβάζουν, αλλά ο μέσος ηλίθιος είναι πιο πιθανό να πιάσει ένα όπλο για να πυροβολήσει κάποιον με όποια δικαιολογία έχει στο μυαλό του παρά να πιάσει ένα βιβλίο για να μάθει κάτι καινούργιο.

Αν οι άνθρωποι αφιέρωναν περισσότερο χρόνο στο διάβασμα, θα αφιέρωναν λιγότερο χρόνο στο να κρίνουν και να κουτσομπολεύουν τους άλλους. Το άτομο που ασχολείται με το να κρίνει τους άλλους σίγουρα δεν έχει τίποτα να απασχολήσει το μυαλό του, γιατί είναι αδύνατο να ακούσεις ένα ακουστικό βιβλίο και να παραμείνεις συγκεντρωμένος στο τι κάνουν οι άλλοι άνθρωποι γύρω σου.

Κεφάλαιο 6: Γιατί οι ναρκισσιστές παραμένουν ίδιοι

Οι ναρκισσιστές είναι προβλέψιμοι από οποιαδήποτε ψυχιατρική διάγνωση, ακριβώς επειδή οι θεραπευτές δεν αντιμετωπίζουν τις αιτίες, αλλά απλώς κάνουν τους ανθρώπους να βολεύονται με τα αποτελέσματα, διδάσκοντάς τους συχνά ότι είναι απλώς ένα αποτέλεσμα της ασθένειας των άλλων ανθρώπων και ότι δεν μπορούν να κάνουν τίποτα γι' αυτό. Ή ακόμα χειρότερα, χρησιμοποιούν μυστικιστικές μεθόδους για να τους διδάξουν ότι το να είναι αυτό το αποτέλεσμα είναι ο τρόπος της ζωής τους, υποβαθμίζοντάς τους έτσι μέσω της χρήσης ψευδών διδασκαλιών.

Για να αλλάξουν την κατάστασή τους, το άτομο πρέπει να μεταρρυθμίσει ολόκληρη την κατάσταση της ύπαρξής του, κάτι που στις περισσότερες περιπτώσεις δεν θα συμβεί ποτέ, ακριβώς επειδή έχουν προσκολληθεί σε αυτή την τεχνητή προσωπικότητα και φοβούνται μήπως την χάσουν και γίνουν ένα τίποτα, ξεκινώντας από την αρχή να μάθουν πώς να είναι άνθρωποι. Οι κακοί άνθρωποι εκμεταλλεύονται αυτή την πραγματικότητα, όταν τη χρησιμοποιούν εναντίον του ατόμου για να ισχυριστούν ότι βρίσκεται σε πνευματικό μονοπάτι, επειδή τότε μπορούν να επωφεληθούν περισσότερο από αυτή την πεποίθηση, ενώ παράλληλα καταπιέζουν την ανασφάλεια του ατόμου πίσω από την ψεύτικη αυτοπεποίθηση ή την απόλυτη εμπιστοσύνη τους σε μια ψεύτικη θεωρία.

Αυτή είναι η ίδια τακτική που χρησιμοποιούν πολλοί ιεροκήρυκες, και γι' αυτό είναι τόσο αποτελεσματική. Εκμεταλλεύονται το γεγονός ότι οι άνθρωποι θέλουν να αγαπηθούν και να γίνουν αποδεκτοί, όχι να αλλάξουν και να κριθούν. Το ξέρω αυτό γιατί όποτε έχω καταφέρει να βοηθήσω αυτούς τους ανθρώπους, αυτό ακριβώς μου έχουν πει: «Δεν ξέρω πια ποιος είμαι και φοβάμαι».

Αυτή η κατάσταση δεν θα κρατούσε για πολύ, διότι κανείς δεν θέλει να φοβάται το άγνωστο, ακόμη και αν αυτό το άγνωστο είναι ένα φανταστικό όριο στο μυαλό του. Ως αποτέλεσμα, αναζητούν γρήγορα άγκυρες επικύρωσης που τους ριζώνουν πίσω στον παλιό εαυτό τους. Αυτό σημαίνει ότι αναζητούν συντρόφους και συναδέλφους για να τους βοηθήσουν, είτε κάνοντάς τους να μισούν αυτόν που προσπαθεί να τους βοηθήσει, είτε απλά αποσπώντας την προσοχή του ναρκισσιστή με φάρμακα και πείθοντάς τον να κάνει λάθη που θέτουν σε κίνδυνο τη θεραπεία που λαμβάνει. Συνεχίζουν να υποτροπιάζουν στην προηγούμενη κατάστασή τους μέχρι να σταματήσουν τελικά να αλλάζουν από εξάντληση. Αυτός είναι ο λόγος για τον οποίο δεν μπορούν να αλλάξουν.

Η κοινωνία στο σύνολό της καταβάλλει μεγάλες προσπάθειες για να τους εμποδίσει να αλλάξουν, σαν να έρχεται μια λεγεώνα δαιμόνων να τους βοηθήσει για να τους εμποδίσει να δουν το φως. Οι χειρότεροι άνθρωποι που συναντάτε είναι συνήθως αυτοί που ο ναρκισσιστής αποκαλεί καλύτερους φίλους του, επειδή ο ναρκισσιστής είναι ένα υπανάπτυκτο παιδί, ένας ηλίθιος σε σώμα ενηλίκου. Προτιμούν να πεθάνουν ηλίθιοι παρά να αλλάξουν, πεπεισμένοι ότι είναι καλύτερα να πεθάνουν σαν αυτό που εγκρίνουν οι άλλοι παρά να είναι μόνοι τους στην ευτυχία. Δεν πιστεύουν καν ότι υπάρχει κάτι τέτοιο, γι' αυτό γελούν με κάθε πνευματική διδασκαλία που δείχνει ένα μονοπάτι προς έναν ανώτερο εαυτό και υποτιμούν συνεχώς όσους ακολουθούν πνευματικά μονοπάτια. Πολλοί από αυτούς ισχυρίζονται ότι βγάζω από το μυαλό μου αυτά που γράφω επειδή δεν τα πιστεύουν και μισούν ακόμη και την ιδέα ότι αυτές οι πληροφορίες θα μπορούσαν να βοηθήσουν οποιονδήποτε.

Απεχθάνονται να βοηθήσουν τον εαυτό τους και τους άλλους, γι' αυτό και μισούν εκείνους που προσφέρουν αποτελεσματική βοήθεια. Αν ο ναρκισσιστής γίνει επαγγελματίας σε έναν τομέα που θα έπρεπε να βοηθήσει τους άλλους, θα διαστρεβλώσει τις πληροφορίες και τη διαδικασία. Αυτός είναι ο λόγος για τον οποίο οι γιατροί δολοφονούν συνεχώς ασθενείς με το πρόσχημα λανθασμένων διαγνώσεων, για τον οποίο οι γονείς στέλνουν τα παιδιά τους σε σχολεία όπου τα εκφοβίζουν και τα ξυλοκοπούν ή ακόμη και τα σκοτώνουν σε καυγάδες και ληστείες και για τον οποίο οι δάσκαλοι λένε σκόπιμα ψέματα με στατιστικά στοιχεία για να επιβάλουν στους μαθητές τη δική τους κοινωνική ατζέντα.

Θα μπορούσαμε να διαφωνήσουμε για το αν αυτοί οι άνθρωποι είναι πραγματικά ηλίθιοι, απλώς αλαζόνες ή κακοί. Σε γενικές γραμμές, είναι και τα τρία, ενώ άλλες φορές είναι ξεκάθαρα κακοί και απλώς φαίνονται ηλίθιοι. Όπως και να έχει, είναι αποφασισμένοι να επιτύχουν σε βραχυπρόθεσμους στόχους ή καθήκοντα που παράγουν γρήγορα και ορατά αποτελέσματα, αντί να σκέφτονται μακροπρόθεσμα, γι' αυτό και επικεντρώνονται στο να εμποδίζουν τους άλλους αντί να σχεδιάζουν το μέλλον ή να επιδιώκουν συμφωνίες. Η κακοήθειά τους είναι ουσιαστικά μια προσπάθεια να σταματήσουν οποιονδήποτε αποτελεί απειλή γι' αυτούς, ακόμη και αν αυτή η απειλή είναι φανταστική. Είναι αποφασισμένοι να σταματήσουν την κοινωνία και να την πάνε προς τα πίσω για τον ίδιο λόγο, επειδή ο εξευτελισμός των άλλων τους κάνει να αισθάνονται πιο ασφαλείς μέσα τους.

Ένας από τους λόγους που κερδίζουν σε αυτό το παιχνίδι είναι επειδή γνωρίζουν ότι οι περισσότεροι άνθρωποι είναι εγωιστές, οπότε ο ναρκισσιστής μπορεί να εκμεταλλευτεί τις ανάγκες τους μέσω αυτού του εγωισμού και στη συνέχεια να κερδίσει την εμπιστοσύνη τους, ειδικά αν αυτοί οι άνθρωποι είναι φίλοι του ατόμου που προσπαθούν να στοχοποιήσουν. Για παράδειγμα, μια ναρκισσιστική νοσοκόμα μπορεί να προσφερθεί να βοηθήσει έναν συγγενή με προβλήματα υγείας και στη συνέχεια να χρησιμοποιήσει την κατάσταση για να συκοφαντήσει κάποιον που μισεί, και θα το κάνει αυτό προσεκτικά αφού κερδίσει την εμπιστοσύνη του αρρώστου, ο οποίος τώρα αισθάνεται υποχρεωμένος στη νοσοκόμα.

Χρησιμοποιούν την ίδια τακτική για να αναρριχηθούν στην κοινωνική κλίμακα, επειδή δεν είναι πολύ καλοί στο να κερδίζουν την εμπιστοσύνη των ανθρώπων μέσω της δουλειάς τους, γιατί ουσιαστικά πρόκειται για μια απάτη. Αντ' αυτού, σαμποτάρουν την εικόνα των άλλων για να αποκτήσουν πλεονέκτημα, και το κάνουν αυτό αφού τους μελετήσουν προσεκτικά και αντιγράψουν τα καλύτερα χαρακτηριστικά τους για να προσποιηθούν ότι είναι ανώτεροι.

Κεφάλαιο 7: Όταν οι καλές πράξεις δεν ανταμείβονται

Θα καταλάβετε ποιοι είναι οι εχθροί σας και κυρίως ποιοι πρόδωσαν την εμπιστοσύνη σας, όταν χρειάζεστε βοήθεια και όλοι σας εγκαταλείπουν, συμπεριλαμβανομένων των ανθρώπων που βοηθήσατε, είτε για να βρείτε δουλειά είτε για να ξεπεράσετε τη μοναξιά και τις οικονομικές δυσκολίες. Εκτός από τους ναρκισσιστές, οι ηλίθιοι άνθρωποι έχουν γενικά σύντομη μνήμη, οπότε δεν έχουν καμία ενσυναίσθηση ή αίσθηση ευθύνης απέναντι σε όσους τους βοηθούν. Τη μια στιγμή ζητούν τη βοήθειά σας και μια ώρα αργότερα, όταν τηλεφωνείτε και ζητάτε το ίδιο πράγμα, λένε: Καλή τύχη!

Έχω βοηθήσει ανθρώπους να ξεκινήσουν μια επιχείρηση, οι οποίοι δεν μου προσέφεραν ούτε καν έναν καναπέ για να κοιμηθώ, και αυτό λέει πολλά για το επίπεδο του εγωισμού των ανθρώπων, είτε επειδή τους γνωρίζεις πολλά χρόνια είτε επειδή είναι μέλη της οικογένειάς τους. Η δυσωδία των σκουπιδιών είναι η ίδια, γι' αυτό έχω βγάλει από τη ζωή μου όλους όσους δεν μπορώ να εμπιστευτώ.

Είναι λυπηρό να σκέφτεσαι ότι δεν μπορείς πραγματικά να εμπιστευτείς τους περισσότερους ανθρώπους, επειδή είναι άχρηστοι. Αλλά δεν είναι καν χρήσιμο να τους βοηθήσεις γιατί σε προδίδουν.

Μια φορά, μια αναγνώστρια μου ζήτησε να δουλέψει για μένα και της είπα ότι χρειαζόμουν κάποιον να με βοηθήσει να μεταφράσω τα βιβλία της. Ζήτησε 5.000 δολάρια προκαταβολικά και όταν είδε τον όγκο της δουλειάς, είπε ότι δεν θα το έκανε. Θα μου έδινε πίσω τα χρήματα αν την πλήρωνα; Μάλλον όχι! Αλλά τότε, ποιο είναι το νόημα των βιβλίων μου αν οι αναγνώστες προσπαθούν να εξαπατήσουν τον ίδιο τους τον αγαπημένο συγγραφέα; Ποιο είναι το ηθικό τους πρότυπο; Γιατί να γράψω ένα βιβλίο σε έναν τέτοιο κόσμο;

Όταν χρησιμοποιώ τον όρο «ηλίθιοι άνθρωποι», θα μπορούσα να πω «ηλίθιοι», «τοξικά άτομα», «ναρκισσιστές», «κοινωνιοπαθείς» ή «ψυχοπαθείς», αλλά η ίδια η λέξη δεν έχει σημασία, επειδή δεν υπάρχει ακόμα αρκετή διαύγεια στον πλανήτη για να καταλάβει το νόημα και την έκταση αυτού που προσπαθώ να πω, δηλαδή ότι υπάρχει ένας μεγάλος πληθυσμός σε αυτόν τον πλανήτη που δεν αξίζει τίποτα από όσα παίρνουν, ούτε καν συμπάθεια για την ατυχία τους. Υπάρχουν τόσοι ναρκισσιστές με εξουσία όσοι και οι άνθρωποι που δεν σέβονται και κακοποιούν αυτούς που τους βοηθούν. Η συμμετοχή του ενός στοιχείου στην αιτία του κακού είναι εξίσου κακή με το άλλο.

Δεν μπορούμε να φανταστούμε έναν καλύτερο κόσμο με προηγμένη τεχνολογία χωρίς να εξετάσουμε την ανάγκη για περισσότερη ειλικρίνεια, ακεραιότητα, αλτρουισμό, καλοσύνη, ενσυναίσθηση, δημιουργικότητα και αξιοπιστία στην κοινωνία. Η πρόοδος στην άνεση και την αποτελεσματικότητα των συστημάτων και των θεσμών του κόσμου δεν θα υπάρξει ποτέ χωρίς πρόοδο στις ανθρώπινες ιδιότητες.

Αν επιτρέψετε στους ναρκισσιστές να νικήσουν, θα πληρώσετε το τίμημα με αυτοπροκαλούμενο κάρμα - τα προβλήματα στην καθημερινή σας ζωή. Γιατί δεν θα υπάρξει ποτέ περισσότερη επιχειρηματικότητα, περισσότερες ιδέες και καλύτερη επιστήμη, ούτε καν περισσότερη ειλικρίνεια και υψηλότερο επίπεδο δέσμευσης για το κοινό καλό, ανεξαρτήτως φυλής, θρησκείας ή χρώματος, αν οι ναρκισσιστές συνεχίσουν να καταπιέζουν αυτά τα πράγματα και να υποβαθμίζουν τους πιο σημαντικούς, σκληρά εργαζόμενους και καινοτόμους ανθρώπους ανάμεσά μας. Αυτό δεν θα συμβεί ποτέ όσο οι ναρκισσιστές μπορούν να παρασύρουν τους πάντες προς τα κάτω, να υποβαθμίζουν τις ανθρώπινες αξίες, να διαφθείρουν το νόμο και να υποβαθμίζουν την ηθική, ενώ κατέχουν θέσεις ηθικής υπεροχής και εξουσίας.

Οι ναρκισσιστές είναι εχθρικοί προς εκείνους που έχουν περισσότερες δυνατότητες και γενικά υποβαθμίζουν την αίσθηση ταυτότητας ενός ατόμου. Αν είστε παιδί, οι επιπτώσεις μπορεί να διαρκέσουν πολύ καιρό. Για παράδειγμα, θυμάμαι τους γονείς μου να μου λένε ότι ήμουν άχρηστος επειδή δεν ήξερα να μαγειρεύω, αλλά ποτέ δεν με δίδαξαν και ποτέ δεν ζήτησαν από κανέναν άλλο να με διδάξει. Αντιθέτως, ήταν ευτυχείς να χρησιμοποιούν το γεγονός ότι έπρεπε να με ταΐζουν για να με ταπεινώνουν, και αυτή ήταν μια από τις πολλές τακτικές που χρησιμοποιούσαν για να με κακοποιούν ψυχολογικά. Αργότερα, έμαθα να μαγειρεύω για τον εαυτό μου και είμαι περήφανη που μπορώ να πω ότι μαγειρεύω καλύτερα από πολλά από τα εστιατόρια που τρώω σε όλο τον κόσμο, αλλά δεν έχω κανένα κίνητρο να μαγειρεύω για τον εαυτό μου και ίσως δεν θα το κάνω ποτέ. Εκτός αν μαγειρεύω για άλλους ανθρώπους, δεν έχω κανένα ενδιαφέρον να τρώω αυτό που ετοιμάζω. Οι γονείς μου κατέστρεψαν αυτή τη χαρά για πάντα.

Όταν μεγαλώνεις σε ένα τοξικό περιβάλλον, ειδικά όταν περιβάλλεσαι από παντού από ηλίθιους, μπορεί να περάσουν χρόνια για να συνειδητοποιήσεις τι πραγματικά σου συνέβη. Οι περισσότεροι άνθρωποι δεν θα σας επιτρέψουν καν να το κάνετε αυτό, επειδή είναι τόσο απίστευτα ηλίθιοι που θεωρούν ότι αυτές οι ιστορίες είναι επινοημένες ή ότι με κάποιο τρόπο αξίζετε αυτό που σας συνέβη.

Πολλοί άνθρωποι έχουν αυτοκτονήσει για πολύ λιγότερα, αλλά σπάνια, αν ποτέ, οι δολοφόνοι τους πάνε φυλακή, επειδή η ψυχολογική κακοποίηση δεν είναι τόσο προφανές έγκλημα όσο το να μαχαιρώνεις κάποιον. Ωστόσο, μπορεί να είναι πιο καταστροφική, όχι μόνο όταν πρόκειται για αυτοκτονία, αλλά επειδή οι επιπτώσεις διαρκούν μια ζωή και ο αντίκτυπος είναι πολύ μεγαλύτερος από έναν σωματικό τραυματισμό - σημαίνει ότι χάνετε όλους όσους γνωρίζατε, συμπεριλαμβανομένου του εαυτού σας και όσων σας έκαναν ευτυχισμένους, και πρέπει να ξεκινήσετε τη ζωή σας από την αρχή, πολλές φορές, αν χρειαστεί.

Εν τω μεταξύ, έχετε έναν στόχο στην πλάτη σας που λέει ότι είστε θύμα. Συμπεριφέρεσαι σαν θύμα, σκέφτεσαι σαν θύμα και μπορεί να μην το ξέρεις καν, απλώς και μόνο επειδή πέρασες όλη σου την παιδική ηλικία φοβούμενος τις συνέπειες των σκέψεών σου και ντρεπόμενος που ζεις.

Κεφάλαιο 8: Αντιμετωπίζοντας τα ψέματα των ναρκισσιστών

Ένας από τους λόγους για τους οποίους οι ναρκισσιστές και οι ενσυναισθητικοί μπορούν εύκολα να συγχέονται είναι ότι και οι δύο κυνηγούν την αγάπη, την αγάπη που δεν είχαν ποτέ. Η διαφορά είναι ότι ο ενσυναισθητικός αναζητά την επιβεβαίωση μέσω των πράξεών του, ενώ ο ναρκισσιστής αναζητά την επιβεβαίωση μέσω των ψεμάτων του.

Πολύ λίγοι άνθρωποι συνειδητοποιούν τη διαφορά, γι' αυτό και ο ναρκισσιστής συνήθως κερδίζει. Ο ναρκισσιστής κερδίζει βραχυπρόθεσμα επειδή καταφέρνει να ξεγελάσει πολλούς ανθρώπους, αλλά μακροπρόθεσμα ξέρουμε ότι η σκληρή δουλειά και η αφοσίωση στη ζωή κερδίζουν πάντα, επειδή χτίζουν χαρακτήρα και οδηγούν σε περισσότερες εμπειρίες αλλά και περισσότερες ευκαιρίες στη ζωή.

Η εντύπωση ότι ο εμπαθής χάνει είναι μια ψευδαίσθηση, γιατί έχει να κάνει με τους ανθρώπους που πρέπει να αφήσει πίσω του όταν βρει το δικό του δρόμο, ανθρώπους που τον εγκατέλειψαν υπέρ του ναρκισσιστή. Ο ενσυναίσθητος μπορεί να χάσει μόνο αν ξεχάσει τον εαυτό του, πράγμα που θέλει ο ναρκισσιστής όταν μειώνει την αυτοεκτίμησή του. Ο ενσυναισθητικός χάνει επίσης αν φοβάται ότι θα προσβάλει τους άλλους ανθρώπους και αποφεύγει να διαφωνεί μαζί τους ή αν αναπτύσσει έναν παράλογο φόβο για την επιτυχία για αυτούς τους λόγους. Αυτό μπορεί επίσης να συμβεί αν έχουν έναν παράλογο φόβο για την τιμωρία.

Με τον ίδιο τρόπο που οι ναρκισσιστές ειδικεύονται στην υπονόμευση των δυνατοτήτων επιτυχίας των άλλων ανθρώπων, οι ενσυναισθητικοί γίνονται ειδικοί στην υπονόμευση των δικών τους δυνατοτήτων, συχνά υποτιμώντας τον εαυτό τους, όταν τα επιτεύγματά τους στη ζωή δείχνουν το αντίθετο. Μπερδεύουμε τη συμπεριφορά των ενσυναισθητικών με την ταπεινότητα, αντί να τη δούμε ως αυτό που πραγματικά είναι: αυτοϋποτίμηση και αυτοαξιολόγηση.

Ο ενσυναισθητικός μπορεί επίσης να μπερδεύει τον εαυτό του όταν νομίζει ότι είναι ταπεινός, αλλά τα συναισθήματά του για τον εαυτό του και οι σκέψεις του είναι πολύ ξεκάθαρα και αυτονόητα:

- Ο αυτοϋποτιμητισμός είναι μια ακραία μορφή υποτίμησης, που συνήθως υποκινείται από συναισθήματα ενοχής, ντροπής ή αναξιότητας. Παράδειγμα: «Είμαι εντελώς αποτυχημένος, δεν μπορώ να κάνω τίποτα σωστά, είμαι άχρηστος».

- Η αυτοϋποτίμηση περιλαμβάνει τόσο την υποτίμηση του εαυτού μας όσο και τη μείωση της αξίας μας. Μπορεί να χρησιμοποιηθεί με μια ευρύτερη έννοια για να συμπεριλάβει τόσο τον εξευτελισμό όσο και τον αυτοσαρκασμό. Συνήθως περιλαμβάνει μια αρνητική εικόνα του εαυτού και μια τάση να υποτιμά τις ικανότητες ή τα επιτεύγματα ενός ατόμου. Παράδειγμα: «Πάντα τα κάνω θάλασσα. Δεν είμαι αρκετά έξυπνος για αυτή τη δουλειά. Απλώς δεν είμαι φτιαγμένος για την επιτυχία».

- Ο αυτοσαρκασμός περιλαμβάνει υποτιμητικά σχόλια για τον εαυτό μας, συνήθως με χιουμοριστικό ή περιπαικτικό τρόπο. Μπορεί να είναι ένας τρόπος να εκτρέψει κανείς την κριτική, να φανεί ταπεινός ή να κάνει τους άλλους να αισθάνονται πιο άνετα. Ωστόσο, όταν φτάνει στα άκρα, μπορεί επίσης να αποτελεί ένδειξη χαμηλής αυτοεκτίμησης. Παράδειγμα: «Ω, είμαι απλά ένας άθλιος μάγειρας. Πραγματικά δεν πρέπει να περιμένετε πολλά από το φαγητό μου».

- Η αυτοεκτίμηση περιλαμβάνει την υποτίμηση ή την υποτίμηση των ικανοτήτων, της αξίας ή της συνεισφοράς ενός ατόμου. Αυτό συνήθως πηγάζει από έλλειψη αυτοπεποίθησης ή αυτοεκτίμησης και μπορεί να οδηγήσει σε αδυναμία αναγνώρισης των δικών του δυνάμεων και επιτευγμάτων. Παράδειγμα: «Δεν νομίζω ότι έχω τα προσόντα για αυτή την προαγωγή. Υπάρχουν πολλοί άνθρωποι που είναι καλύτεροι από εμένα».

Αυτοί οι όροι αποτυπώνουν μια διαφορετική απόχρωση του τρόπου με τον οποίο οι ενσυναισθητικοί μπορούν να υποτιμήσουν τον εαυτό τους ή να υποτιμήσουν την αξία τους. Αλλά για να καταλάβουμε γιατί ο ενσυναισθητικός έχει εσωτερικεύσει αυτά τα συναισθήματα και τις σκέψεις για τον εαυτό του, πρέπει να εξετάσουμε τι άκουσε στην παιδική του ηλικία που τα προκάλεσε. Μερικά παραδείγματα κοινών ναρκισσιστικών φράσεων είναι τα εξής:

- «Είσαι πάντα τόσο ευαίσθητη. Πρέπει να γίνεις πιο δυνατή».

- «Δεν είσαι τόσο ξεχωριστός όσο νομίζεις ότι είσαι. Είσαι ακριβώς όπως όλοι οι άλλοι».

- «Δεν μπορείς να το χειριστείς. Πρέπει να κάνεις στην άκρη και να αφήσεις κάποιον πιο ικανό να αναλάβει».

- «Δεν είσαι τόσο καλός όσο νομίζεις ότι είσαι. Είσαι απλά μέτριος.»

- «Δεν αξίζεις την προσπάθεια. Πρέπει να τα παρατήσεις.»

Αυτές οι δηλώσεις έχουν σχεδιαστεί για να υπονομεύσουν την αυτοεκτίμηση και την αυτοπεποίθηση του ενσυναισθητικού ατόμου, κάνοντάς το να αμφισβητήσει τις ικανότητες και την αξία του. Ο ναρκισσιστής χρησιμοποιεί αυτές τις τακτικές για να διατηρήσει τον έλεγχο και την υπεροχή, προκαλώντας συχνά τον ενσυναίσθηση να εσωτερικεύει συναισθήματα ανεπάρκειας και αυτοαμφισβήτησης.

Κεφάλαιο 9: Πώς να καταπολεμήσετε τη ναρκισσιστική χειραγώγηση

Εξετάστε τα παρακάτω παραδείγματα ναρκισσιστικών φράσεων και χρησιμοποιήστε τα για να εντοπίσετε παρελθοντικούς ή παρόντες ναρκισσιστές στη ζωή σας. Ξεκινήστε το θεραπευτικό σας ταξίδι επιβεβαιώνοντας το αντίθετο από αυτό που ακούσατε.

Α) Καταπολέμηση του αυτοεξευτελισμού - Αυτή η κατηγορία επικεντρώνεται σε φράσεις που μειώνουν την αξία και την ευτυχία ενός ατόμου:

Α.1. Είμαι άξιος της αγάπης και των καλών πραγμάτων στη ζωή. Μου αξίζει η ευτυχία και η επιτυχία.

Κατά: Δεν έχεις καμία αξία. Δεν αξίζεις τίποτα καλό στη ζωή.

Α.2. Βρίσκομαι σε μια πορεία ανάπτυξης και επιτυχίας. Θα πετύχω σπουδαία πράγματα.

Κατά: Είσαι μια πλήρης αποτυχία. Ποτέ δεν θα καταφέρεις τίποτα.

A.3: Κάνω ό,τι καλύτερο μπορώ και σημειώνω πρόοδο. Δεν είμαι μια απογοήτευση.

Εναντίον: Είσαι μια απογοήτευση. Πάντα απογοητεύεις τους πάντες.

A.4. Είμαι σημαντικός και τα συναισθήματά μου είναι σημαντικά. Αξίζω να μου φέρονται με σεβασμό.

Κατά: Τα συναισθήματά σου δεν έχουν σημασία. Δεν είναι αρκετά σημαντικά για να νοιάζεσαι γι' αυτά.

A.5. Έχω τη δύναμη να κάνω θετικές αλλαγές στη ζωή μου. Είμαι ικανή να πετύχω τους στόχους μου.

Κατά: Δεν μπορείς να αλλάξεις τίποτα. Απλώς δεν έχετε την ικανότητα να επιτύχετε τους στόχους σας.

B) Καταπολέμηση του αυτοεξευτελισμού - Η κατηγορία αυτή περιλαμβάνει φράσεις που υποτιμούν τη νοημοσύνη, τις ικανότητες και τις δυνατότητες ενός ατόμου:

B.1. Είμαι έξυπνος και ικανός. Μπορώ να αντιμετωπίσω οποιαδήποτε πρόκληση βρεθεί στο δρόμο μου.

Κατά: Δεν είσαι αρκετά έξυπνος για να το αντιμετωπίσεις. Αφήστε κάποιον άλλο να το κάνει.

B.2. Είμαι προορισμένος για την επιτυχία. Δεν θα δεχτώ τους περιορισμούς που μου επιβάλλουν άλλοι άνθρωποι.

Εναντίον: Δεν είσαι προορισμένος για την επιτυχία. Θα πρέπει απλώς να αποδεχτείτε τους περιορισμούς σας.

Β.3 Είμαι ικανός να μαθαίνω και να βελτιώνομαι. Δεν προσδιορίζομαι από τα λάθη του παρελθόντος μου.

Κατά: Απλώς δεν είσαι αρκετά καλός. Θα πρέπει να τα παρατήσετε.

Β.4 Έχω μοναδικές ιδέες και ιδέες που είναι πολύτιμες. Είμαι δημιουργικός και πολυμήχανος.

Κατά: Οι ιδέες σου είναι ανόητες. Δεν είσαι δημιουργικός ή πολυμήχανος.

Β.5 Είμαι ικανός να μαθαίνω νέα πράγματα και να προσαρμόζομαι στις αλλαγές. Καλωσορίζω την ανάπτυξη και τις προκλήσεις.

Κατά: Δεν μπορείτε να μάθετε νέα πράγματα. Δεν θα μπορέσετε ποτέ να προσαρμοστείτε ή να αλλάξετε.

Γ) Αντίκρουση του αυτοσαρκασμού - Η κατηγορία αυτή περιλαμβάνει φράσεις που ελαχιστοποιούν ή γελοιοποιούν τις δεξιότητες και τις ικανότητες ενός ατόμου:

Γ.1. Είμαι καλός μάγειρας και ικανός στην κουζίνα. Περιμένω σπουδαία πράγματα από τη μαγειρική μου.

Αντίλογος: Ω, είσαι απλά ένας άθλιος μάγειρας. Πραγματικά δεν πρέπει να περιμένεις πολλά από τη μαγειρική σου.

Γ.2. Είμαι επιδέξιος και ικανός. Είμαι καλός σε αυτή την εργασία.

Αντίλογος: Δεν είσαι πολύ καλός σε αυτό. Ίσως θα πρέπει να περιοριστείτε σε πιο απλές εργασίες.

Γ.3 Είμαι ικανός και αξιόπιστος. Μπορώ να ανταπεξέλθω σε αυτή την ευθύνη.

Κατά: Δεν είστε αρκετά αξιόπιστος για να την αναλάβετε. Θα πρέπει να την αφήσετε σε κάποιον πιο ικανό.

Γ.4 Επικοινωνώ καλά και εκφράζω αποτελεσματικά τις σκέψεις μου. Έχω εμπιστοσύνη στις ικανότητές μου.

Κατά: Είσαι απαίσιος στο να εκφράζεσαι. Θα πρέπει να παραμείνεις σιωπηλός.

Γ.5 Είμαι οργανωμένος και αποτελεσματικός. Διαχειρίζομαι καλά τον χρόνο και τις ευθύνες μου.

Κατά: Είστε πολύ ανοργάνωτος. Δεν μπορείς να διαχειριστείς καμία ευθύνη.

Δ) Αντιμετώπιση του αυτοεξευτελισμού - Αυτή η κατηγορία περιλαμβάνει φράσεις που απορρίπτουν ή υποτιμούν τα ταλέντα, τη συνεισφορά και τα προτερήματα ενός ατόμου:

Δ.1. Είμαι ταλαντούχος και ικανός. Είμαι ρεαλιστής όσον αφορά τις ικανότητες και τις δυνάμεις μου.

Κατά: Δεν είσαι τόσο ταλαντούχος όσο νομίζεις. Πρέπει να είσαι πιο ρεαλιστής όσον αφορά τις ικανότητές σου.

Δ.2. Συνεισφέρω σημαντικά στην ομάδα μου και στα έργα μου. Η συμβολή μου είναι πολύτιμη.

Κατά: Δεν συνεισφέρετε πολύ. Θα πρέπει να αφήσετε άλλους να αναλάβουν τα ηνία.

Δ.3 Είμαι πολύτιμος και η συμβολή μου εκτιμάται. Είμαι πολύτιμος για την ομάδα μου.

Κατά: Δεν συνεισφέρετε αρκετά. Θα πρέπει να κάνετε στην άκρη.

Δ.4: Οι προσπάθειές μου αναγνωρίζονται και εκτιμώνται. Κάνω τη διαφορά στη δουλειά μου.

Κατά: Κανείς δεν ενδιαφέρεται για τις προσπάθειές σας. Δεν κάνεις πραγματικά τη διαφορά.

Δ.5. Φέρνω μοναδικές δυνάμεις και προοπτικές στην ομάδα μου. Η συμβολή μου είναι ουσιαστική.

Κατά: Οι δυνάμεις σας είναι άσχετες. Η συμβολή σας δεν είναι ούτε απαραίτητη ούτε επιθυμητή.

Κεφάλαιο 10: Εντοπισμός φράσεων ενεργοποίησης

Ενώ οι προηγούμενες ενότητες επικεντρώθηκαν στην άμεση καταπολέμηση των ναρκισσιστικών φράσεων, οι φράσεις ενεργοποίησης είναι πιο λεπτές και ύπουλες. Αυτές οι φράσεις έχουν σχεδιαστεί για να προκαλούν συγκεκριμένες συναισθηματικές αντιδράσεις και να χειραγωγούν τις αντιλήψεις και τα συναισθήματα του θύματος.

Οι φράσεις πυροδότησης χρησιμοποιούνται συνήθως για να προκαλέσουν σύγχυση, να κατηγορήσουν ή να απορρίψουν τις εμπειρίες του θύματος, δημιουργώντας αμφιβολίες και σύγχυση. Η κατανόηση και η αναγνώριση αυτών των σκανδάλων είναι θεμελιώδους σημασίας, ώστε τα θύματα να μπορούν να καταπολεμήσουν τις τακτικές χειραγώγησης και να επιβεβαιώσουν την πραγματικότητα και την αυτοεκτίμησή τους.

Στα παραδείγματα που ακολουθούν, θα βρείτε τα εξής:

1 - Φράσεις που χρησιμοποιεί ο ναρκισσιστής και ο σκοπός τους.

2 - Εναύσματα: Η άμεση συναισθηματική ή ψυχολογική αντίδραση που προορίζεται για τη φράση. Εάν χρησιμοποιείται συχνά, γίνεται μια εξαρτημένη αντίδραση. Με άλλα λόγια, σας κάνει να αισθάνεστε ακούσια με έναν συγκεκριμένο τρόπο και έχει προκαθορισμένες φυσιολογικές και ψυχολογικές επιδράσεις που μπορούν να ερμηνευτούν ως αντίδραση στο τραύμα. Αυτός είναι ο λόγος για τον οποίο τα θύματα ναρκισσιστικής κακοποίησης μπορεί να παρουσιάζουν συμπτώματα διαταραχής μετατραυματικού στρες ακόμη και μετά την αποχώρηση του ναρκισσιστή.

3 - Αποτελέσματα: Ο μακροπρόθεσμος αντίκτυπος στη συμπεριφορά, την αυτοεικόνα ή τη δυναμική των σχέσεων του θύματος. Σε αυτή την περίπτωση, μιλάμε για την ψυχολογική βλάβη που επηρεάζει τα θύματα ναρκισσισμού για το υπόλοιπο της ζωής τους, αν δεν αντιμετωπιστούν και δεν θεραπευτούν. Αυτές οι επιπτώσεις βρίσκονται επίσης στο επίκεντρο των λαθών που κάνουν τα θύματα ως απάντηση στις εμπειρίες τους.

A) Φράσεις που έχουν σχεδιαστεί για να αμφισβητήσουν την πραγματικότητα και την αντίληψη - Αυτές οι φράσεις έχουν σχεδιαστεί για να διαστρεβλώσουν την αίσθηση της πραγματικότητας του θύματος και να το κάνουν να αμφισβητήσει τις αναμνήσεις, τις αντιλήψεις και τις συναισθηματικές αντιδράσεις του:

1. «Είσαι τρελός» και «Υπερβάλλεις»,

Αφορμές: Κάνει το θύμα να αμφιβάλλει για τη λογική του, τις αντιλήψεις του και τις συναισθηματικές του αντιδράσεις.

Επιδιωκόμενο αποτέλεσμα: Κάνει το θύμα να αμφισβητεί την πραγματικότητά του και να καταπιέζει τα συναισθήματά του, με αποτέλεσμα να αμφιβάλλει για τον εαυτό του και να μπερδεύεται.

2. «Ποτέ δεν είπα αυτό» και «Ποτέ δεν έκανα αυτό»,

Αφορμή: Κάνει το θύμα να αμφισβητήσει τη μνήμη του και την αντίληψη των γεγονότων.

Επιδιωκόμενο αποτέλεσμα: Προκαλεί αμφιβολία, σύγχυση και κάνει το θύμα να μην είναι σίγουρο ότι θυμάται τα γεγονότα, γεγονός που καταλήγει στην υποτίμηση των εμπειριών του.

3. «Είσαι υπερευαίσθητη»,

Αφορμή: Παραβλέπει και απαξιώνει τα συναισθήματα και τις συγκινήσεις του θύματος.

Επιδιωκόμενο αποτέλεσμα: Κάνει το θύμα να αισθάνεται υπερβολικά ευαίσθητο, οδηγώντας το να καταπιέζει ή να αγνοεί τα συναισθήματα και τις ανάγκες του. Μπορεί επίσης να κάνει το θύμα να αμφιβάλλει για τη συναισθηματική του νοημοσύνη και την ανθεκτικότητά του.

4. «Εσύ με ανάγκασες να το κάνω»,

Αφορμή: Κατηγορεί το θύμα για τις πράξεις του χειριστή, μεταθέτοντας την ευθύνη στο θύμα.

Επιδιωκόμενο αποτέλεσμα: Κάνει το θύμα να αισθάνεται υπεύθυνο και ένοχο για τη συμπεριφορά του χειριστή. Αυτό μπορεί να οδηγήσει σε αυτοκατηγορίες, αμφιβολίες και μια διαστρεβλωμένη αίσθηση ευθύνης.

Β) Φράσεις που έχουν σχεδιαστεί για να κάνουν το θύμα να νιώθει άσχημα για τον εαυτό του - Αυτές οι φράσεις έχουν σχεδιαστεί για να μειώσουν την αυτοεκτίμηση του θύματος και να το κάνουν να νιώθει ανεπαρκές ή μη αξιαγάπητο:

1. «Είσαι εγωιστής» και «Νοιάζεσαι μόνο για τον εαυτό σου»,

Αφορμές: Κατηγορούν το θύμα ότι είναι εγωκεντρικό και απερίσκεπτο.

Επιδιωκόμενο αποτέλεσμα: Κάνει το θύμα να αισθάνεται ένοχο επειδή έχει ανάγκες και θέλει να βάλει τον εαυτό του σε προτεραιότητα. Αυτό μπορεί να οδηγήσει σε παραμέληση του εαυτού του και σε διαστρεβλωμένη αίσθηση των προτεραιοτήτων.

2. «Κανείς άλλος δεν θα σε ανέχονταν».

Αφορμή: Υπονοεί ότι το θύμα είναι δύσκολο να το αγαπήσει κανείς ή να ζήσει μαζί του.

Επιδιωκόμενο αποτέλεσμα: Κάνει το θύμα να αισθάνεται ανεπαρκές, μη αγαπητό και παγιδευμένο στη σχέση. Αυτό μπορεί να οδηγήσει σε αισθήματα αδυναμίας και χαμηλής αυτοεκτίμησης.

3. «Λυπάμαι που αισθάνεσαι έτσι»,

Αφορμή: Αδιαφορεί για τα συναισθήματα του θύματος χωρίς να αναλαμβάνει την ευθύνη.

Επιδιωκόμενο αποτέλεσμα: Αδιαφορεί για τα συναισθήματα του θύματος και αποσπά την προσοχή από τις πράξεις του χειριστή. Αυτό μπορεί να οδηγήσει το θύμα να καταπιέσει τα συναισθήματά του και να αμφισβητήσει τις συναισθηματικές του εμπειρίες.

4. «Φαντάζεσαι πράγματα»,

Αφορμή: Μπερδεύει το θύμα, προκαλώντας το να αμφισβητήσει τις αντιλήψεις του.

Επιδιωκόμενο αποτέλεσμα: Προκαλεί αμφιβολία, σύγχυση και κάνει το θύμα να μην είναι σίγουρο για την ερμηνεία των γεγονότων που έχει δώσει. Αυτό μπορεί να οδηγήσει σε μια διαστρεβλωμένη αίσθηση της πραγματικότητας και σε αυτοαμφισβήτηση.

Γ) Φράσεις που έχουν σχεδιαστεί για να κάνουν το θύμα να αισθάνεται ένοχο, αχάριστο ή δραματικό - Αυτές οι φράσεις έχουν σχεδιαστεί για να χειραγωγήσουν το θύμα ώστε να αισθάνεται ένοχο ή να υπερβάλλει στα συναισθήματά του:

1. «Θα έπρεπε να είσαι ευγνώμων για όσα κάνω για σένα».

Αφορμές: Υπονοεί ότι το θύμα είναι αχάριστο για τις προσπάθειες του χειριστή.

Επιδιωκόμενο αποτέλεσμα: Κάνει το θύμα να αισθάνεται αχάριστο και χρεωμένο, ενθαρρύνοντάς το να ανέχεται την κακομεταχείριση ή την κακοποίηση. Αυτό μπορεί να οδηγήσει σε αίσθημα υποχρέωσης και παγίδευσης.

2. «Είσαι ακριβώς σαν τη μαμά σου», «Είσαι ακριβώς σαν τον μπαμπά σου» ή «Είσαι ακριβώς σαν τον θείο σου»,

Αφορμή: Συγκρίνει το θύμα με ένα μέλος της οικογένειας, συνήθως με αρνητική χροιά.

Επιδιωκόμενο αποτέλεσμα: Προκαλεί αρνητικά συναισθήματα και κάνει το θύμα να αισθάνεται ανεπαρκές ή ελαττωματικό. Αυτό μπορεί να οδηγήσει σε αυτοαμφισβήτηση και διαστρεβλωμένη εικόνα του εαυτού.

3. «Αν με αγαπούσες πραγματικά, θα το έκανες αυτό».

Αφορμή: Χειραγωγεί το θύμα ώστε να κάνει αυτό που θέλει ο χειριστής.

Επιδιωκόμενο αποτέλεσμα: Κάνει το θύμα να αισθάνεται ένοχο που δεν συμμορφώνεται και να αμφισβητεί τη δέσμευσή του στη σχέση. Αυτό μπορεί να οδηγήσει σε απώλεια των προσωπικών ορίων και της αυτονομίας.

4. «Γίνεσαι δραματική»,

Αφορμή: Παραγνωρίζει τα συναισθήματα και τις αντιδράσεις του θύματος ως υπερβολικές.

Επιδιωκόμενο αποτέλεσμα: Απαξιώνει τα συναισθήματα του θύματος και το κάνει να αισθάνεται ότι οι ανησυχίες του δεν είναι θεμιτές. Αυτό μπορεί να οδηγήσει σε ανασφάλεια και συναισθηματική καταπίεση.

Δ) Φράσεις που έχουν σχεδιαστεί για να κάνουν το θύμα να νιώσει ότι έχει ανάγκη, ότι είναι αβοήθητο ή ότι κάτι δεν πάει καλά με αυτό - Αυτές οι φράσεις έχουν σχεδιαστεί για να κάνουν το θύμα να νιώσει συναισθηματικά ή διανοητικά ασταθές, ότι έχει ανάγκη ή ότι είναι αβοήθητο:

1. «Χρειάζεσαι βοήθεια» ή «Πρέπει να δεις έναν ψυχολόγο».

Αφορμές: Υπονοεί ότι το θύμα είναι διανοητικά ή συναισθηματικά ασταθές.

Επιδιωκόμενο αποτέλεσμα: Κάνει το θύμα να αισθάνεται ότι κάτι δεν πάει καλά μαζί του και αμφισβητεί την ψυχική του υγεία. Αυτό μπορεί να οδηγήσει σε αυτοαμφισβήτηση και διαστρεβλωμένη αίσθηση του εαυτού.

2. «Είσαι πολύ άπορη» ή «Είσαι πολύ προσκολλημένη»,

Αφορμές: Κάνει το θύμα να αισθάνεται άσχημα επειδή έχει ανάγκες και επιθυμεί την εγγύτητα.

Επιδιωκόμενο αποτέλεσμα: Κάνει το θύμα να αισθάνεται ανασφαλές, ανεπιθύμητο και ένοχο επειδή εκφράζει τις ανάγκες του. Αυτό μπορεί να οδηγήσει σε αυτοπαραμέληση και φόβο εγκατάλειψης.

3. «Απλώς προσπαθώ να σε βοηθήσω»,

Αφορμή: Χειραγωγεί το θύμα ώστε να πιστέψει ότι ο χειριστής έχει καλές προθέσεις.

Επιδιωκόμενο αποτέλεσμα: Κάνει το θύμα να αμφιβάλλει για τη δική του κρίση και να αγνοεί την επιβλαβή συμπεριφορά του χειριστή. Αυτό μπορεί να οδηγήσει σε απώλεια εμπιστοσύνης στα ένστικτά του και σε συνεχή ανοχή της κακοποίησης.

4. «Πάντα το κάνεις αυτό»,

Αφορμή: Γενικεύει και αγνοεί τη συμπεριφορά ή τα συναισθήματα του θύματος.

Επιδιωκόμενο αποτέλεσμα: Κάνει το θύμα να αισθάνεται ότι οι πράξεις ή τα συναισθήματά του είναι προβλέψιμα, άκυρα ή ασήμαντα. Αυτό μπορεί να οδηγήσει σε αμφιβολία και απώλεια εμπιστοσύνης στις δικές τους εμπειρίες.

Κεφάλαιο 11: Μια ιστορία δύο ψυχικών ασθενειών

Τα θύματα του ναρκισσισμού μπορεί συχνά να χαρακτηρίζονται ως εσωστρεφείς, όπως και οι ναρκισσιστές μπορεί να θεωρούνται εξωστρεφείς, ενώ η αλήθεια είναι ότι ο ναρκισσιστής βάζει ένα προσωπείο, ενώ το θύμα του ναρκισσισμού αντιμετωπίζει τα συναισθήματα ανεπάρκειας και έλλειψης αυτοεκτίμησης. Το θύμα στερείται αυτοπεποίθησης, ενώ ο ναρκισσιστής προσποιείται ότι έχει αυτοπεποίθηση, προκειμένου να υπερτονίσει τις ιδιότητες που δεν διαθέτει.

Αυτός είναι ο λόγος για τον οποίο η λέξη «ενσυναίσθηση» δεν είναι τόσο θετική όσο φαίνεται με την πρώτη ματιά, διότι ο ενσυναίσθητος δεν είναι απαραίτητα ένα αλτρουιστικό άτομο, αλλά απλώς κάποιος που συμπάσχει με τον πόνο των άλλων. Αυτό συμβαίνει επειδή μπορούν να δουν τον εαυτό τους μέσα από τα συναισθήματα των άλλων.

Ο λόγος για τον οποίο πολλοί ενσυναισθητικοί είναι θύματα ναρκισσιστικής κακοποίησης για το υπόλοιπο της ζωής τους είναι ότι ο ναρκισσιστής ξέρει να προσποιείται ότι είναι θύμα των δικών του πράξεων και των συνεπειών των λαθών του, προκειμένου να κερδίσει την ενσυναίσθηση του ενσυναισθητικού.

Οι ναρκισσιστές στοχεύουν ειδικά τους ενσυναισθητικούς και τους επιλέγουν για μια σχέση, αποπλανώντας τους με σαφή πρόθεση να κερδίσουν την εμπιστοσύνη τους, επειδή οι ναρκισσιστές γνωρίζουν ότι οι ενσυναισθητικοί είναι πιο ανεκτικοί στην κακοποίηση από οποιονδήποτε άλλον. Η προσποίηση του ναρκισσιστή ότι είναι θύμα της ζωής που έχει δημιουργήσει για τον εαυτό του δεν είναι μόνο μια επίδειξη έλλειψης ευθύνης, αλλά και μια στρατηγική για να κερδίσει τη συμπάθεια του ενσυναισθητικού.

Ο ενσυναίσθητος, από την άλλη πλευρά, δεν ερωτεύεται τις ιδιότητες του ναρκισσιστή επειδή δεν υπάρχουν, αλλά μάλλον την αδυναμία που παρουσιάζει ο ναρκισσιστής με τη μορφή ψευδαίσθησης. Έτσι, ενώ ο ναρκισσιστής προβάλλει μια ψευδαίσθηση για να κάνει τον ενσυναίσθητο να ερωτευτεί, ο ενσυναίσθητος, αντί να ερωτευτεί ένα ψέμα, στην πραγματικότητα ερωτεύεται την προβαλλόμενη ψευδαίσθηση που αντιπροσωπεύει τον εαυτό του.

Ο ναρκισσιστής προβάλλει μια προσωπικότητα που δεν έχει, και ο ενσυναίσθητος ερωτεύεται τις ιδιότητες που δεν μπορεί να δει στον εαυτό του, ακριβώς επειδή δεν έχει αυτοαγάπη. Πρόκειται για ένα ταίρι φτιαγμένο στην κόλαση, επειδή και οι δύο είναι ψυχικά άρρωστοι, αν και εκδηλώνουν την ασθένεια με φαινομενικά αντιφατικούς τρόπους. Είναι σαν να λέει ο εμπαθής: «Δεν μου αξίζει να με αγαπούν, αλλά μπορώ να αγαπήσω κάποιον άλλο», ενώ ο ναρκισσιστής λέει: «Δεν μπορώ να αγαπήσω κανέναν, αλλά μου αξίζει να με αγαπούν». Και οι δύο εφαρμόζουν επίσης την ίδια νοοτροπία όταν πρόκειται για μια σχέση, επειδή έχουν συμπληρώσει τη δυσλειτουργία τους με παρόμοιους τρόπους όλα αυτά τα χρόνια.

Ένα από τα πιο συνηθισμένα λάθη που βλέπω να κάνουν οι ενσυναισθητικοί είναι να θεωρούν ότι είναι θύματα του ναρκισσισμού και όχι θύματα των δικών τους επιλογών και πεποιθήσεων. Αποτυγχάνουν να δουν ότι και οι ίδιοι είναι ψυχικά άρρωστοι και αντ' αυτού χρησιμοποιούν τον ναρκισσισμό ως τρόπαιο για τη δική τους ανωτερότητα έναντι των άλλων ανθρώπων, ουσιαστικά συμπεριφέρονται σαν ναρκισσιστές όταν λένε ότι αγαπούν περισσότερο από τους άλλους ανθρώπους και έχουν πληγωθεί εξαιτίας της ενσυναίσθησης που έχουν για τους άλλους.

Αυτό δεν είναι θεραπεία για τη ναρκισσιστική κακοποίηση, είναι εκλογίκευση της εμπειρίας και αφομοίωσή της στο μυαλό σας ως μόνιμη πληγή. Είναι σαν να τυλίγετε ένα κουτί γεμάτο σκουπίδια σε όμορφη, πολύχρωμη συσκευασία αντί να το πετάξετε.

Οι ενσυναισθητικοί μπορούν να θεραπευτούν από τη ναρκισσιστική κακοποίηση μόνο αν σταματήσουν να ενσυναισθάνονται με αυτούς που είναι κακοί. Αυτό σημαίνει ότι πρέπει να αναπτύξουν συναισθηματική διάκριση, γιατί η έλλειψη συναισθηματικής διάκρισης είναι αυτή που τους κάνει να ενσυναισθάνονται με εκείνους που μπορούν να τους βλάψουν. Αυτό πρέπει να θεωρηθεί ως ψυχολογική ανεπάρκεια και όχι ως γνωστικό πλεονέκτημα, κάτι που δεν ισχύει.

Πέρασα πολλά χρόνια μελετώντας τη ναρκισσιστική κακοποίηση, αλλά δεν μπόρεσα να θεραπευτώ μέχρι να μάθω την αυτοαγάπη.

Χρειάζονται χρόνια για να μείνεις μόνος με τον εαυτό σου και να βρεις έναν λόγο να ζεις όταν δεν υπάρχει κανένας έξω από σένα. Ξέρεις ότι μπορείς να αγαπάς τον εαυτό σου όταν είσαι σε θέση να αφήσεις πίσω σου ανθρώπους που δεν σε σέβονται. Μέχρι τότε, δεν μπορείς να λες ότι η αγάπη είναι τυφλή στην έλλειψη σεβασμού ή ότι ανέχεσαι την κακοποίηση από τους άλλους επειδή έχεις περισσότερη ενσυναίσθηση από τον μέσο άνθρωπο. Αυτό δεν είναι αγάπη, είναι ψυχική ασθένεια. Όταν δύο άνθρωποι με ψυχική ασθένεια έρχονται μαζί, έχετε αυτό που ονομάζεται τοξική σχέση.

Μόνο όταν μπορέσετε να απελευθερωθείτε από έναν σύντροφο που δεν σέβεται τον εαυτό σας και να βρείτε την ειρηνική μοναξιά, μπορείτε να καταλάβετε την αυτο-αγάπη και μόνο τότε μπορείτε να βρείτε την αληθινή αγάπη. Αλλά εδώ είναι μια άλλη πρόκληση: επειδή οι ενσυναισθητικοί κακοποιήθηκαν στην παιδική τους ηλικία, είναι πιθανό να μην καταλάβουν την αληθινή αγάπη και επομένως να μην αναπτύξουν συναισθήματα για το σωστό άτομο, όπως ακριβώς δεν θα το δει ένας ναρκισσιστής.

Η διαφορά είναι ότι ενώ οι ναρκισσιστές δεν βρίσκουν ποτέ την αληθινή αγάπη επειδή αναζητούν τον θαυμασμό, οι ενσυναισθητικοί μπορούν να βρουν την αληθινή αγάπη μόλις δώσουν προτεραιότητα στον σεβασμό, και θα το μάθουν αυτό μόλις αναπτύξουν την αυτο-αγάπη.

Κεφάλαιο 12: Σύγχυση μεταξύ αυτοαγάπης και ναρκισσισμού

Φαίνεται αντιφατικό να λέμε ότι οι ενσυναίσθητοι χρειάζονται την αυτο-αγάπη, γιατί είναι σαν οι ενσυναίσθητοι να πρέπει να γίνουν σαν τους ναρκισσιστές, όπως ακριβώς οι ναρκισσιστές πρέπει να αναζητήσουν την αγάπη έξω από τον εαυτό τους. Ωστόσο, η κοινωνία αρνείται την αυτο-αγάπη των ενσυναισθητικών όταν τη συγχέει με τον εγωισμό και τον εγωκεντρισμό και την καταδικάζει ως πράξη ναρκισσισμού. Αλλά η κοινωνία δεν γνωρίζει τη διαφορά μεταξύ των δύο και δεν μπορεί καν να ξεχωρίσει έναν ναρκισσιστή από έναν ενσυναίσθητο.

Αν ο μέσος άνθρωπος δεν μπορεί να ξεχωρίσει έναν ναρκισσιστή από έναν ενσυναισθητικό, γιατί να περιμένουμε να μπορεί να ξεχωρίσει τον εγωισμό από την αυτοεκτίμηση ή την αυτοαγάπη; Δεν μπορούν! Οι απόψεις των αδαών μαζών είναι άχρηστες και συχνά μπορούν να αυξήσουν την ψυχολογική ζημιά που προκαλεί ο ναρκισσιστής. Αυτό ισχύει ιδιαίτερα αν μοιράζεστε τις πράξεις των ναρκισσιστών στη ζωή σας με άλλα μέλη της οικογένειάς σας, ιδίως με άλλους ναρκισσιστές.

Αξίζει επίσης να σημειωθεί ότι οι περισσότεροι από τους ανθρώπους που έχω γνωρίσει και ισχυρίζονται ότι είναι θύματα ναρκισσιστών είναι οι ίδιοι ναρκισσιστές. Ενώ δεν είναι ασυνήθιστο για τους ναρκισσιστές να χαρακτηρίζουν τους ενσυναισθητικούς ως ναρκισσιστές, ειδικά για να τους υποτιμήσουν και να τους ακυρώσουν δημοσίως, είναι επίσης αλήθεια ότι οι ναρκισσιστές συχνά ερωτεύονται άλλους ναρκισσιστές ή τουλάχιστον νιώθουν έντονη έλξη και συναισθηματική σύνδεση μαζί τους. Αυτό είναι ίσως το πιο προφανές παράδειγμα του τρόπου με τον οποίο ένας ναρκισσιστής αυτοκαταστρέφεται, επειδή αναζητούν θαυμασμό από εκείνους που μπορούν να τους εξαπατήσουν με τον ίδιο τρόπο που έχουν εξαπατήσει τους άλλους.

Για το λόγο αυτό, ενώ ο ενσυναισθητικός είναι πιο πιθανό να αναρρώσει από την ψυχική του ασθένεια, ο ναρκισσιστής είναι πιο πιθανό να καταλήξει πληγωμένος και μοναχικός αργότερα στη ζωή του, ειδικά στην περίπτωση των ναρκισσιστικών γυναικών.

Στο τέλος, ο ενσυναισθητικός μπορεί να επιλέξει να παλέψει με τη μοναξιά και να περάσει μέσα από το σκοτάδι για να ξαναχτίσει τον εαυτό του και τη ζωή του, ή μπορεί απλά να τα παρατήσει και να αφήσει τον ναρκισσιστή να κερδίσει το παιχνίδι της υποτίμησης των άλλων, στρεφόμενος στον εαυτό του και αποδεχόμενος το ψέμα ότι δεν αξίζει την αγάπη και την επιτυχία. Όμως ο ναρκισσιστής δεν θα μπορέσει ποτέ να βρει την αληθινή αγάπη ή την ολοκλήρωση εξαιτίας της εμμονής του στη χειραγώγηση και της ανάγκης του να τον θαυμάζουν.

Ο ναρκισσιστής μπορεί ακόμη και να φτάσει σε ένα πολύ υψηλό ακαδημαϊκό και επαγγελματικό επίπεδο, γεγονός που τον κάνει να εργάζεται ακόμη πιο σκληρά για να κρύψει την ανικανότητά του και τα ψέματα που έπρεπε να παράγει για να φτάσει εκεί. Θα πρέπει επίσης να ζει με τη συνεχή ένταση του να προσποιείται ότι είναι κάποιος που δεν είναι στους ανθρώπους που περιφρονεί, οι οποίοι όμως έλκονται από τη ζωή του ακριβώς επειδή έχει καταφέρει να τους χειραγωγήσει.

Τελικά, η μάσκα πέφτει και όλοι βλέπουν τον ναρκισσιστή γι' αυτό που είναι. Αλλά αυτή η μάσκα πέφτει πιο γρήγορα απ' ό,τι με άλλους ανθρώπους, όταν ο ναρκισσιστής και ο ενσυναίσθητος συναντιούνται σε μια σχέση. Ο εμπαθής εξαντλεί τον εαυτό του προσπαθώντας να κάνει τον ναρκισσιστή ευτυχισμένο, ενώ ο ναρκισσιστής δεν καταφέρνει ποτέ να είναι ευτυχισμένος και επομένως εξαντλεί τον εαυτό του ανταγωνιζόμενος να ρίξει τον εμπαθή. Όσο περισσότερη αγάπη προσφέρει ο ενσυναίσθητος, τόσο περισσότερο μίσος απαντά ο ναρκισσιστής και, στο τέλος, ο ενσυναίσθητος απλώς γίνεται απαθής.

Ο ναρκισσιστής κερδίζει πάντα εξαντλώντας τους άλλους και το κάνει αυτό σχεδιάζοντας και συνωμοτώντας συνεχώς την πτώση τους. Αυτό όμως είναι και το γεγονός που κάνει τον ναρκισσιστή να μετανιώνει αργότερα για τη συμπεριφορά του, γιατί φυσικά δεν θα βρει ποτέ στη ζωή του εύκολα έναν ενσυναισθητικό άνθρωπο. Όλοι οι ναρκισσιστές που γνώρισα κατέληξαν να μετανιώνουν που με έχασαν και να μου στέλνουν μηνύματα για να τους απαντήσω.

Δεν απάντησα ποτέ για τον προφανή λόγο ότι οι ναρκισσιστές δεν αλλάζουν ποτέ. Η λύπη τους αφορά πάντα τον εαυτό τους και το γεγονός ότι έχασαν το αγαπημένο τους παιχνίδι και την προσοχή που τους έδινε. Στα μάτια του ναρκισσιστή, δεν είστε ένα πραγματικό πρόσωπο, αλλά ένα αντικείμενο του οποίου η αξία είναι η προσοχή που δίνετε ή η επιβεβαίωση που παίρνουν από τους άλλους μέσω εσάς ή με το να σας έχουν.

Ο ναρκισσιστής θρηνεί μόνο για τη δική του δυστυχία που δεν βρήκε ένα καλύτερο παιχνίδι για να χειραγωγεί για στοργή και προσοχή, παρόλο που το θύμα θα ήταν απλώς χειρότερα από πριν αν είχε πίσω το ίδιο πρόσωπο. Αυτό συμβαίνει επειδή ο ναρκισσιστής περιφρονεί το θύμα όσο περιφρονεί και τον εαυτό του. Ένα θύμα που επιστρέφει στην κακοποίηση είναι ακόμη πιο εξευτελιστικό στα μάτια του ναρκισσιστή από εκείνο που έπρεπε να χειραγωγηθεί για να κακοποιηθεί. Έτσι, ο ναρκισσιστής αισθάνεται πιο δικαιολογημένα να κακοποιεί αυτούς που επιστρέφουν σε αυτόν παρά αυτούς που το σκάνε.

Κεφάλαιο 13: Το παράδοξο της ναρκισσιστικής αγάπης

Η σχέση μεταξύ των ναρκισσιστών και εκείνων που βλέπουν μέσα από το προσωπείο τους παρουσιάζει ένα αινιγματικό παράδοξο. Αντιφατικά, οι ναρκισσιστές δείχνουν γενικά μεγαλύτερο σεβασμό στους ανθρώπους που αναγνωρίζουν την πραγματική τους φύση, ακόμη και όταν προσπαθούν να τους τιμωρήσουν ή να τους ελέγξουν. Αυτό πηγάζει από τη διαστρεβλωμένη άποψη των ναρκισσιστών για την αγάπη, καθώς εξισώνουν την αναγνώριση και την αντιπαράθεση με τη γνήσια στοργή, ανεξάρτητα από το πόσο δυσλειτουργική μπορεί να είναι αυτή η δυναμική.

Αυτή η διαστρεβλωμένη άποψη για την αγάπη επεκτείνεται και στην αντίληψη του ναρκισσιστή για τη βία. Πολλοί ναρκισσιστές ερμηνεύουν την επιθετική ή καταχρηστική συμπεριφορά ως παθιασμένη εκδήλωση αγάπης. Αυτή η νοοτροπία οδηγεί συχνά σε έναν καρμικό κύκλο στον οποίο οι ναρκισσιστές έλκονται από εξίσου ασταθείς συντρόφους που τους περιφρονούν, αλλά παραμένουν παγιδευμένοι σε ταραχώδεις σχέσεις που μπορεί να διαρκέσουν δεκαετίες. Οι ρόλοι μπορεί συχνά να είναι εναλλάξιμοι, καθώς και τα δύο άτομα μαθαίνουν να εναλλάσσονται μεταξύ επιτιθέμενου, σωτήρα και θύματος:

- Όταν το άτομο Α αλλάζει στο ρόλο του θύματος, το άτομο Β αλλάζει στο ρόλο του σωτήρα.

- Όταν το άτομο Β αλλάζει στο ρόλο του σωτήρα, το άτομο Α αλλάζει στο ρόλο του επιτιθέμενου.

- Όταν το άτομο Α γίνεται επιτιθέμενος, το άτομο Β παύει να είναι σωτήρας και γίνεται θύμα.

- Όταν το άτομο Α συνειδητοποιήσει ότι έχει καταφέρει να κάνει το άτομο Β να νιώσει αβοήθητο, μπορεί να μεταβεί στο ρόλο του διασώστη.

- Αν το άτομο Β εκμεταλλευτεί τη μεταμόρφωση του ναρκισσιστή σε σωτήρα και χρησιμοποιήσει εκδίκηση, το άτομο Β γίνεται ο επιτιθέμενος και το άτομο Α μεταβαίνει στην κατάσταση θύματος.

Ας εξετάσουμε πώς μπορεί να εφαρμοστεί η μετατόπιση της αξίας στα παραπάνω παραδείγματα:

1. Επιτιθέμενος σε θύμα: Ο ναρκισσιστής μπορεί να σταματήσει να είναι ο επιτιθέμενος και να αρχίσει να παριστάνει το θύμα, προκειμένου να χειραγωγήσει το άλλο άτομο στο ρόλο του σωτήρα.

Για παράδειγμα:

Επιτιθέμενος: «Είσαι τρελός» (αμφισβήτηση της πραγματικότητας και της αντίληψης).

Θύμα: «Δεν μπορώ να πιστέψω ότι είσαι τόσο κακός μαζί μου. Προσπαθώ απλώς να κάνω ό,τι καλύτερο μπορώ» (μεταπήδηση στο ρόλο του θύματος για να κερδίσει συμπάθεια ή να κάνει το άλλο άτομο να αισθανθεί ένοχο).

2. Από θύμα σε επιτιθέμενο: Ένας ναρκισσιστής που παίζει το θύμα μπορεί ξαφνικά να μεταπηδήσει στο ρόλο του επιτιθέμενου όταν νομίζει ότι έχει κερδίσει αρκετή συμπάθεια ή θέλει να ανακτήσει τον έλεγχο.

Για παράδειγμα:

Θύμα: «Κανείς άλλος δεν θα μπορούσε να σε αντέξει» (κάνοντας το θύμα να αισθάνεται άσχημα).

Επιτιθέμενος: «Είσαι τόσο αχάριστος μετά από όλα όσα έκανα για σένα!» (εναλλαγή στο ρόλο του επιτιθέμενου για να κάνει το άλλο άτομο να νιώσει ένοχο και χρεωμένο).

3. Σωτήρας του επιτιθέμενου ή του θύματος: Ένας ναρκισσιστής σε ρόλο σωτήρα μπορεί να μεταπηδήσει σε επιτιθέμενο ή θύμα όταν δεν λαμβάνει τον θαυμασμό ή την υπακοή που περιμένει.

Για παράδειγμα:

Σωτήρας: «Προσπαθώ απλώς να σε βοηθήσω» (προσποιείται ότι έχει καλές προθέσεις).

Επιτιθέμενος: «Αλλά δεν με ακούς! Είσαι τόσο πεισματάρης!» (μεταβαίνοντας στο ρόλο του επιτιθέμενου όταν η “βοήθειά” τους δεν γίνεται αποδεκτή).

Θύμα: «Κάνω μια προσπάθεια να σε βοηθήσω και αυτό είναι το ευχαριστώ που παίρνω;» (Εναλλαγή στο ρόλο του θύματος για να προκαλέσει ενοχές ή συμπάθεια).

Στη δυναμική ανάμεσα σε δύο ναρκισσιστές, αυτές οι αλλαγές στην αξία μπορεί να συμβαίνουν συχνά και γρήγορα, καθώς ο καθένας προσπαθεί να κερδίσει το πάνω χέρι ή να διατηρήσει τον έλεγχο. Οι ρόλοι είναι εναλλάξιμοι και οι τακτικές χειραγώγησης που χρησιμοποιούνται μπορούν να αλλάξουν γρήγορα, ανάλογα με την κατάσταση και το επιθυμητό αποτέλεσμα.

Αυτή η τριγωνοποίηση λαμβάνει πάντα χώρα μεταξύ ενός ναρκισσιστή και οποιουδήποτε προσελκύει στη ζωή του, ο οποίος μπορεί να είναι ή να μην είναι άλλος ναρκισσιστής. Ωστόσο, από τη στιγμή που ένα άτομο παγιδεύεται σε αυτόν τον κύκλο, αυτός δεν τελειώνει ποτέ. Ο ναρκισσιστής παριστάνει πάντα το θύμα όταν το θύμα αναπτύσσει αυτοσεβασμό και εγκαταλείπει τη σχέση, και γίνεται αμέσως ο επιτιθέμενος όταν το θύμα πέφτει στην παγίδα, ξεκινώντας τον ίδιο κύκλο της τρέλας από την αρχή.

Οι ενσυναισθητικοί πέφτουν στις παγίδες του ναρκισσιστή επειδή ο ναρκισσιστής παρουσιάζει μια φανταστική ή ψευδορεαλιστική κατάσταση στην οποία πρέπει να σωθούν από μια κατάσταση που ο ναρκισσιστής έχει δημιουργήσει σκόπιμα ή από την οποία υποφέρουν ως αποτέλεσμα των δικών τους πράξεων. Αυτός είναι επίσης ο τυπικός τρόπος με τον οποίο οι ναρκισσιστές παρασύρονται σε μια σχέση με έναν άλλο ναρκισσιστή.

Από την άλλη πλευρά, καθώς αυτά τα παιχνίδια του μυαλού συμβαίνουν συχνά στις σχέσεις με ναρκισσιστές, είναι επίσης μέσω αυτών των παιχνιδιών που ένα άτομο που κάποτε ήταν φυσιολογικό και υγιές μπορεί, με την πάροδο του χρόνου, να γίνει θύμα ναρκισσιστικής κακοποίησης και αργότερα να γίνει ο ίδιος ναρκισσιστής.

Κεφάλαιο 14: Όταν τα θύματα αντικατοπτρίζουν τους θύτες τους

Το φαινόμενο της υιοθέτησης ναρκισσιστικών χαρακτηριστικών από τα θύματα ναρκισσιστικής κακοποίησης είναι μια σύνθετη και συναρπαστική πτυχή του κύκλου της κακοποίησης. Αυτή η αντιστροφή ρόλων, που συχνά αναφέρεται ως αντιδραστικός ναρκισσισμός, μπορεί να εκδηλωθεί με διάφορους τρόπους. Ακολουθούν ορισμένα παραδείγματα για το πώς τα θύματα μπορούν να δράσουν εναντίον των ναρκισσιστών υιοθετώντας τα ίδια ναρκισσιστικές συμπεριφορές:

1. Η σιωπηλή μεταχείριση: Ένα θύμα που έχει περάσει μια μακρά περίοδο αγνόησης ή σιωπηλής μεταχείρισης από έναν ναρκισσιστή μπορεί να αρχίσει να χρησιμοποιεί αυτή την τακτική. Μπορεί να αποσυρθεί συναισθηματικά και να αρνηθεί να επικοινωνήσει με τον ναρκισσιστή ως μια μορφή εκδίκησης ή αυτοπροστασίας.

2. Gaslighting: Αφού έχουν υποστεί gaslighting από έναν ναρκισσιστή, ορισμένα θύματα μπορεί να αρχίσουν να αμφισβητούν και να χειραγωγούν την πραγματικότητα του ναρκισσιστή. Μπορεί να αρνηθούν γεγονότα ή συζητήσεις σε μια προσπάθεια να κάνουν τον ναρκισσιστή να αμφισβητήσει τις δικές του αντιλήψεις.

3. Τριγωνισμός: Τα θύματα μπορεί να μάθουν να τριγωνίζονται, φέρνοντας άλλους ανθρώπους στις συγκρούσεις τους με τον ναρκισσιστή για να λάβουν υποστήριξη ή επιβεβαίωση, όπως ακριβώς μπορεί να έχει κάνει ο ναρκισσιστής με αυτούς.

4. Μεγαλομανία και αυτοπεποίθηση: Ορισμένα θύματα μπορεί να αναπτύξουν μια διογκωμένη αίσθηση αυτοπεποίθησης ως μηχανισμό άμυνας. Μπορεί να αρχίσουν να καυχιούνται για τα επιτεύγματά τους ή να υπερβάλλουν για τις ικανότητές τους, αντικατοπτρίζοντας τη συμπεριφορά του ναρκισσιστή.

5. Έλλειψη ενσυναίσθησης: Αφού εκτεθούν στην έλλειψη ενσυναίσθησης ενός ναρκισσιστή, ορισμένα θύματα μπορεί να γίνουν συναισθηματικά μουδιασμένα και να δυσκολεύονται να συναισθανθούν τους άλλους, συμπεριλαμβανομένου του ναρκισσιστή.

6. Χειραγώγηση: Τα θύματα μπορεί να υιοθετήσουν τακτικές χειραγώγησης που έχουν παρατηρήσει στο ναρκισσιστή, χρησιμοποιώντας την ενοχή, τη ντροπή ή το φόβο για να ελέγξουν τη συμπεριφορά του ναρκισσιστή.

7. Επιδίωξη προσοχής: Ορισμένα θύματα μπορεί να αρχίσουν να αποζητούν την προσοχή και την επιβεβαίωση των άλλων, όπως

ακριβώς και ο ναρκισσιστής, προκειμένου να αποκαταστήσουν την κατεστραμμένη αυτοεκτίμησή τους.

8. Επιδίωξη εκδίκησης: Σε ακραίες περιπτώσεις, τα θύματα μπορεί να σχεδιάζουν περίπλοκα σχέδια εκδίκησης και να επικεντρώνονται εμμονικά στο να εκδικηθούν τον ναρκισσιστή, αντικατοπτρίζοντας την τάση του ναρκισσιστή να κρατάει κακίες και να επιδιώκει εκδίκηση.

9. Απόκρυψη συναισθημάτων: Ακριβώς όπως οι ναρκισσιστές γενικά παρακρατούν τη στοργή και την έγκριση, ορισμένα θύματα μπορεί να μάθουν να κάνουν το ίδιο, χρησιμοποιώντας την παρακράτηση συναισθημάτων ως μορφή ελέγχου ή τιμωρίας.

10. Υπερβολική κριτική: Αφού δέχονται συνεχή κριτική από έναν ναρκισσιστή, ορισμένα θύματα μπορεί να γίνουν υπερκριτικοί, βρίσκοντας συνεχώς λάθη στον ναρκισσιστή ή σε άλλους ανθρώπους.

11. Παραβιάσεις των ορίων: Αφού τα όριά τους παραβιάζονται επανειλημμένα, ορισμένα θύματα μπορεί να αρχίσουν να αγνοούν τα όρια των άλλων, συμπεριλαμβανομένου του ναρκισσιστή, σε μια προσπάθεια να ανακτήσουν τον έλεγχο.

12. Προβολή: Τα θύματα μπορεί να αρχίσουν να προβάλλουν τα δικά τους συναισθήματα ή ανασφάλειες στον ναρκισσιστή, κατηγορώντας τον για τα πράγματα που αισθάνονται ή κάνουν.

13. Δικαίωμα: Ορισμένα θύματα μπορεί να αναπτύξουν ένα αίσθημα δικαιώματος, νιώθοντας ότι αξίζουν ειδική μεταχείριση ή εξαιρέσεις από κανόνες, αφού έχουν υποστεί το αίσθημα δικαιώματος του ναρκισσιστή.

14. Εκμετάλλευση: Τα θύματα μπορεί να αρχίσουν να εκμεταλλεύονται άλλους ανθρώπους, συμπεριλαμβανομένου του ναρκισσιστή, προς όφελός τους, αντικατοπτρίζοντας την εκμεταλλευτική συμπεριφορά που έχουν βιώσει.

15. Φθόνος και ζήλια: Αφού γίνουν στόχος του ναρκισσιστή, ορισμένα θύματα μπορεί να γίνουν ζηλιάρηδες και φθονερές, συγκρίνοντας συνεχώς τη ζωή τους με τη ζωή των άλλων.

16. Αλαζονεία: Τα θύματα μπορεί να υιοθετήσουν μια αλαζονική στάση ως αμυντικό μηχανισμό για να προστατευτούν από περαιτέρω συναισθηματική ζημία.

17. Μετατόπιση ευθυνών: Ορισμένα θύματα μπορεί να αρχίσουν να κατηγορούν τους άλλους, συμπεριλαμβανομένου του ναρκισσιστή, για τις πράξεις τους, προκειμένου να αποφύγουν να αναλάβουν την ευθύνη για τη δική τους συμπεριφορά.

18. Υπερευαισθησία στην κριτική: Τα θύματα μπορεί να γίνουν εξαιρετικά ευαίσθητα σε κάθε μορφή κριτικής, αντιλαμβανόμενα την ως προσωπική επίθεση, όπως ακριβώς θα έκανε και ο ναρκισσιστής.

19. Ανάγκη για θαυμασμό: Αφού στερηθούν το θαυμασμό και την επικύρωση, ορισμένα θύματα μπορεί να αναπτύξουν υπερβολική ανάγκη για θαυμασμό από τους άλλους, προκειμένου να αυξήσουν την αυτοεκτίμησή τους.

20. Αδιαφορία για τα συναισθήματα των άλλων: Τα θύματα μπορεί να αρχίσουν να αγνοούν τα συναισθήματα και τις ανάγκες των άλλων, συμπεριλαμβανομένου του ναρκισσιστή, προκειμένου να προστατεύσουν τον εαυτό τους από περαιτέρω συναισθηματικό πόνο.

Κεφάλαιο 15: Δυναμική της εξουσίας στις ναρκισσιστικές σχέσεις

Υπάρχουν πολλές πραγματικές ιστορίες που απεικονίζουν την αλλαγή της αξίας στις σχέσεις με ναρκισσιστές και την πιθανή μετατροπή των θυμάτων σε ναρκισσιστές. Ακολουθούν μερικά συνηθισμένα παραδείγματα:

1. Ο σύζυγος που χρησιμοποιεί το gaslight:

Η Mary και ο John ήταν παντρεμένοι για πέντε χρόνια. Η Μαίρη ήταν ναρκισσιστής που συχνά έβαζε τον Τζον στο φως του αερίου. Τον κατηγορούσε ότι φλέρταρε με άλλες γυναίκες κάθε φορά που έβγαιναν έξω, παρόλο που εκείνος ήταν πιστός. Μια μέρα, ο Τζον ανακάλυψε ότι η Μαρία είχε δεσμό. Όταν την αντιμετώπισε, η Μαρία έστρεψε τα πράγματα εναντίον του Τζον, κατηγορώντας τον ότι ήταν ο άπιστος και ενημερώνοντάς τον για τη δική της απιστία.

Αλλαγή του κλίματος: Εξαντλημένος και μπερδεμένος από τις συνεχείς κατηγορίες και τώρα την προδοσία, ο Τζον έγινε έξαλλος. Άρχισε να μιμείται τη συμπεριφορά της Μαρίας, κατηγορώντας την για περισσότερες απιστίες και διαστρεβλώνοντας τα λόγια της. Αποφάσισε επίσης να «εκδικηθεί» και άρχισε να φλερτάρει με άλλες γυναίκες, έχοντας τελικά τη δική του σχέση.

Το αποτέλεσμα: Η Μαρία αρχικά έμεινε άναυδη από την ξαφνική επιθετικότητα και την απιστία του Γιάννη, αλλά σύντομα ανέκτησε την ψυχραιμία της. Έπαιξε το θύμα και κατηγόρησε τον Τζον ότι ήταν σκληρός και χωρίς αγάπη. Ο Τζον, με τη σειρά του, χρησιμοποίησε την απιστία της Μαρίας για να δικαιολογήσει τις δικές του πράξεις. Η σχέση τους μετατράπηκε σε μια συνεχή πάλη εξουσίας, στην οποία και τα δύο μέρη ενεπλάκησαν σε έναν κύκλο απιστίας, χειραγώγησης και ελέγχου. Η μεταμόρφωση του Τζον σε ναρκισσιστή ήταν πλήρης. Δεν νοιαζόταν πλέον για τα συναισθήματα της Μαρίας ή για την υγεία της σχέσης τους. Το μόνο που τον ενδιέφερε ήταν να κερδίσει και να διατηρήσει τον έλεγχο. Οι αμοιβαίες απιστίες τους έγιναν πυρομαχικά στον συνεχιζόμενο πόλεμό τους, με τον καθένα να κατηγορεί τον άλλον για το τέλος της σχέσης.

2. Το γκρεμισμένο όνειρο:

Ο Paul και ο Richard ήταν παιδικοί φίλοι και άνοιξαν μαζί μια καφετέρια. Ο Paul, με το χάρισμα και το όραμά του, ανέλαβε την ηγεσία των επιχειρήσεων, ενώ ο Richard, πιο συγκρατημένος και σχολαστικός, ανέλαβε τα οικονομικά. Χωρίς να το γνωρίζει ο Ρίτσαρντ, ο Πολ είχε ναρκισσιστικές τάσεις που άρχισαν να φαίνονται καθώς η επιχείρηση μεγάλωνε. Κάθε φορά που κάτι πήγαινε στραβά, ο Paul κατηγορούσε τον Richard ότι δεν προσπαθούσε αρκετά ή ότι δεν ήταν αρκετά ικανός. Ο Ρίτσαρντ, που ήθελε να διατηρήσει τη φιλία και την επιχείρηση, αποδέχτηκε τις ευθύνες και προσπάθησε να επανορθώσει.

Αλλαγή της αξίας: Μετά από μια καταστροφική προσπάθεια επέκτασης του καφέ, υπέστησαν σημαντική οικονομική ζημία. Ο Πολ κατηγόρησε τον Ρίτσαρντ ότι δεν συγκέντρωσε αρκετή χρηματοδότηση και ότι ήταν πολύ προσεκτικός με τη στρατηγική μάρκετινγκ. Αυτή τη φορά, ωστόσο, ο Ρίτσαρντ δεν έκανε πίσω. Αποζημιωνόταν αθόρυβα για τις απερίσκεπτες δαπάνες και τις παρορμητικές αποφάσεις του Paul και είχε φτάσει στο σημείο να σπάσει. Ο Ρίτσαρντ ανταπέδωσε μεταθέτοντας την ευθύνη στον Πολ. Αντιμετώπισε τον Paul με στοιχεία για την κακοδιαχείρισή του, συμπεριλαμβανομένων των μη εγκεκριμένων αγορών, των απλήρωτων λογαριασμών και της αγνόησης των ανησυχιών των εργαζομένων. Ο Ρίτσαρντ κατηγόρησε τον Πολ ότι έθεσε σε κίνδυνο την εταιρεία και τη φιλία τους με την ανεύθυνη συμπεριφορά του. Αυτή η ξαφνική διεκδικητικότητα έπιασε τον Paul απροετοίμαστο και σηματοδότησε μια σημαντική αλλαγή στη δυναμική της φιλίας τους.

Το αποτέλεσμα: ο Paul, ανίκανος να αναλάβει την ευθύνη, ανέλαβε το ρόλο του θύματος. Κατηγόρησε τον Ρίτσαρντ για απιστία και έλλειψη υποστήριξης και ισχυρίστηκε ότι ο Ρίτσαρντ προσπαθούσε να τον σαμποτάρει. Η φιλία τους επιδεινώθηκε καθώς μπλέχτηκαν σε έναν κύκλο κατηγοριών και χειραγώγησης. Ο Ρίτσαρντ, στη νέα του αποφασιστικότητα να καταστήσει τον Πολ υπεύθυνο, άρχισε να αναπτύσσει δυναμικά χαρακτηριστικά που άγγιζαν τα όρια της επιθετικότητας. Η ατμόσφαιρα στο καφέ έγινε τοξική. Το προσωπικό βρέθηκε στη μέση και η ποιότητα των υπηρεσιών έπεσε. Οι πελάτες άρχισαν να αντιλαμβάνονται την ένταση και η δουλειά μειώθηκε. Ο Ρίτσαρντ, συνειδητοποιώντας ότι η συνεργασία του ήταν ανεπανόρθωτη, απευθύνθηκε στους κοινούς επενδυτές του. Παρουσίασε στοιχεία για τα παραπτώματα του Paul, και οι επενδυτές τάχθηκαν με το μέρος του Richard και απαίτησαν από τον Paul να παραιτηθεί. Ο Paul εγκατέλειψε την επιχείρηση, αλλά το καφέ δεν ανέκαμψε ποτέ. Οι οικονομικές απώλειες ήταν τεράστιες και η άλλοτε ακμάζουσα επιχείρηση έκλεισε λίγους μήνες αργότερα. Η αλλαγή στην αξία της συμπεριφοράς του Ρίτσαρντ, από παθητική και εφησυχαστική σε διεκδικητική και συγκρουσιακή, οδήγησε τελικά στο τέλος της φιλίας τους και στην εξαφάνιση του κοινού τους ονείρου.

3. Η εκδίκηση του καθρέφτη:

Η Λάουρα και ο Στιβ βρίσκονταν σε μια ρομαντική σχέση στην οποία η Λάουρα ήταν ο ναρκισσιστής. Στην αρχή, η Λόρα βομβάρδιζε τον Στιβ με αγάπη, τον έλουζε με στοργή και τον έκανε να νιώθει ότι ήταν το κέντρο του κόσμου της. Ωστόσο, όταν ο Στιβ άρχισε να εμπλέκεται συναισθηματικά, η Λόρα άρχισε να τον υποτιμά, επικρίνοντας την εμφάνισή του, την ευφυΐα του, ακόμη και τους φίλους του.

Αλλαγή της αξίας: Μετά από μήνες που υπέμενε την κριτική και τη χειραγώγηση της Λόρα, ο Στιβ είχε ξαφνικά μια αλλαγή προοπτικής. Αποφάσισε ότι αν δεν μπορούσε να την αλλάξει, θα την ακολουθούσε. Άρχισε να μιμείται τη συμπεριφορά της, να επικρίνει την εμφάνιση και την ευφυΐα της και να χειραγωγεί τα συναισθήματά της. Έμαθε να παριστάνει το θύμα όταν τον βόλευε και έστρεφε κάθε επιχείρημα εναντίον της.

Το αποτέλεσμα: Η Laura αρχικά πληγώθηκε και σοκαρίστηκε από τη συμπεριφορά του Steve, αλλά σύντομα βρέθηκε σε μια συνεχή πάλη για την εξουσία. Η σχέση τους έγινε μια ατελείωτη μάχη κριτικής και χειραγώγησης. Ο Steve αποκτούσε όλο και περισσότερα ναρκισσιστικά χαρακτηριστικά, μαθαίνοντας να τρέφεται από το δράμα και τον έλεγχο. Άρχισε να μπερδεύει τη Λόρα, κάνοντάς την να αμφισβητεί την πραγματικότητα και τη λογική της. Ωστόσο, καθώς ο ναρκισσισμός του Steve μεγάλωνε, άρχισε να συνειδητοποιεί ότι δεν χρειαζόταν πλέον τη Laura. Έμαθε να τροφοδοτεί τη νέα ναρκισσιστική του προσφορά με άλλους ανθρώπους - φίλους, συναδέλφους στη δουλειά, ακόμη και αγνώστους. Άρχισε να απομακρύνεται από τη Λόρα, δίνοντάς της μια γεύση από το ίδιο της το φάρμακο. Εξαφανιζόταν για μέρες, αγνοώντας τις κλήσεις και τα μηνύματά της, για να εμφανιστεί ξανά με ψυχρή αδιαφορία. Η Λόρα, μη μπορώντας να αντιμετωπίσει την αντιστροφή των ρόλων, γινόταν όλο και πιο απελπισμένη και ασταθής. Προσπαθούσε να τον κερδίσει πίσω, να ανακτήσει τον έλεγχο, αλλά ο Στιβ ήταν πάντα ένα βήμα μπροστά, χειραγωγώντας την όπως εκείνη τον είχε χειραγωγήσει. Τελικά, ο Στιβ εξαφανίστηκε εντελώς από τη ζωή της, αφήνοντας τη Λόρα ένα κέλυφος του παλιού της εαυτού.

4. Η τριγωνική πεθερά:

Η Μπάρμπαρα ήταν μια ναρκισσίστρια που παρενέβαινε συχνά στο γάμο του γιου της Τομ με τη Λίζα. Συχνά επέκρινε και παραπονιόταν για τη Λίζα στον Τομ, παριστάνοντας το θύμα και ισχυριζόμενη ότι η Λίζα δεν ήταν αρκετά καλή γι' αυτόν. Αρχικά, η Λίζα προσπαθούσε να λογικευτεί με τη Μπάρμπαρα και να υπερασπιστεί τον εαυτό της, ενώ ο Τομ προσπαθούσε να μεσολαβήσει στην κατάσταση.

Αλλαγή της αξίας: Με την πάροδο του χρόνου, η συνεχής χειραγώγηση και η κριτική της Μπάρμπαρα επηρέασε τη Λίζα. Άρχισε να υιοθετεί ναρκισσιστικά χαρακτηριστικά ως μηχανισμό άμυνας απέναντι στην κακοποίηση της Μπάρμπαρα. Η Λίζα άρχισε να υποτιμά και να επικρίνει τον Τομ επειδή δεν αντιστάθηκε στη μητέρα της, μιμούμενη την επικριτική συμπεριφορά της Μπάρμπαρα- έπαιζε το θύμα, ισχυριζόμενη ότι τόσο ο Τομ όσο και η Μπάρμπαρα ήταν εναντίον της και ότι ήταν η μόνη που προσπαθούσε να σώσει το γάμο- χειραγωγούσε καταστάσεις για να φαίνεται ανώτερη από τη Μπάρμπαρα, όπως υπερτονίζοντας τα επιτεύγματά της και υποβαθμίζοντας τη συμβολή της Μπάρμπαρα- απαιτούσε ειδική μεταχείριση από τον Τομ, επιμένοντας ότι εκείνος έβαζε τις ανάγκες και τις επιθυμίες της πάνω απ' όλα, για να αντισταθμίσει την κακομεταχείριση της μητέρας της σε βάρος της.

Το αποτέλεσμα: Καθώς η Λίζα αποκτούσε όλο και περισσότερα ναρκισσιστικά χαρακτηριστικά, ο γάμος τους γινόταν όλο και πιο τοξικός. Ο Τομ αισθανόταν παγιδευμένος στη μέση ενός αγώνα εξουσίας μεταξύ της μητέρας του και της συζύγου του. Η συνεχής χειραγώγηση και η κριτική και από τις δύο πλευρές οδήγησαν τον Τομ να αισθάνεται καταβεβλημένος και ανίκανος να συνεχίσει τη σχέση. Κατέθεσε αίτηση διαζυγίου, επικαλούμενος την τοξική δυναμική και τις αγεφύρωτες διαφορές. Η Μπάρμπαρα, παριστάνοντας το θύμα ως συνήθως, κατηγόρησε τη Λίζα για το διαζύγιο. Η Λίζα, με τη σειρά της, κατηγόρησε τον Τομ και τη Μπάρμπαρα για την αποτυχία του γάμου τους, αρνούμενη να αναγνωρίσει το δικό της ρόλο στη δυναμική.

Κεφάλαιο 16: Η ύπουλη φύση της ναρκισσιστικής κακοποίησης

Με την πρώτη ματιά, η ιδέα ότι τα ίδια τα θύματα ναρκισσιστικής κακοποίησης μπορεί να εμφανίζουν ναρκισσιστικά χαρακτηριστικά μπορεί να φαίνεται αντιφατική ή ακόμη και παράδοξη, αλλά καθώς εμβαθύνουμε στους ψυχολογικούς μηχανισμούς που παίζουν ρόλο, αρχίζουμε να βλέπουμε πώς αυτή η αντίδραση μπορεί να αναδυθεί ως στρατηγική αντιμετώπισης του παρατεταμένου τραύματος και της χειραγώγησης.

Ωστόσο, αυτές οι συμπεριφορές στα θύματα είναι θεμελιωδώς διαφορετικές από εκείνες των πραγματικών ναρκισσιστών, τόσο ως προς την προέλευσή τους όσο και ως προς τη δυνατότητα αλλαγής τους. Οι Määttä κ.ά. (2012) εξηγούν ότι τα θύματα μπορούν μερικές φορές να υιοθετήσουν παρόμοιες συμπεριφορές ως μηχανισμό αντιμετώπισης. Είναι μια μορφή ψυχολογικής επιβίωσης, ένας τρόπος για το θύμα να πλοηγείται στα ύπουλα νερά της κακοποιητικής σχέσης του. Σε αντίθεση με τους πραγματικούς ναρκισσιστές, τα θύματα που παρουσιάζουν αυτές τις συμπεριφορές διατηρούν συνήθως την ικανότητα αυτοαναστοχασμού και μπορεί να νιώθουν τύψεις για τις πράξεις τους. Αυτές οι συμπεριφορές στα θύματα είναι συνήθως μια μαθημένη αντίδραση στο τραύμα και όχι ένα βαθιά ριζωμένο χαρακτηριστικό της προσωπικότητας.

Η έννοια του «δεσμού που επιβάλλεται από το τραύμα» ή της «προσκόλλησης που επιβάλλεται από το τραύμα», όπως περιγράφεται από τους Raghavan και Doychak (2015), παρέχει ένα πλαίσιο για την κατανόηση αυτής της πολύπλοκης δυναμικής. Μπροστά στη συνεχιζόμενη κακοποίηση και χειραγώγηση, τα θύματα μπορεί να αρχίσουν να χάνουν την αίσθηση του εαυτού τους και να υιοθετούν σταδιακά πτυχές της κοσμοθεωρίας ή των συμπεριφορών του θύτη. Η διαδικασία αυτή μπορεί να θεωρηθεί ως ένας τρόπος για τα θύματα να κατανοήσουν τις εμπειρίες τους και να διατηρήσουν κάποια επίφαση ελέγχου σε ένα χαοτικό και απρόβλεπτο περιβάλλον.

Ο Howard (2022) διευκρινίζει περαιτέρω αυτό το φαινόμενο, περιγράφοντάς το ως μια μορφή «ζωντανού μαρτυρίου». Σε αυτή την κατάσταση, τα θύματα μπορούν να λάβουν προσωρινά ορισμένα από τα χαρακτηριστικά του επιτιθέμενου ως έναν τρόπο αντιμετώπισης και κατανόησης των τραυματικών τους εμπειριών. Αυτή η μίμηση μπορεί να εξυπηρετεί διάφορους σκοπούς: μπορεί να βοηθήσει το θύμα να προβλέψει και να ελέγξει τη συμπεριφορά του επιτιθέμενου, να προσφέρει μια αίσθηση ενδυνάμωσης σε μια κατά τα άλλα ανίσχυρη κατάσταση ή ακόμη και να χρησιμεύσει ως μια λανθασμένη προσπάθεια σύνδεσης με τον επιτιθέμενο με τους δικούς του όρους. Ωστόσο, τα θύματα που εμπλέκονται σε αυτές τις συμπεριφορές μπορεί να αισθάνονται ενοχές ή τύψεις για τις πράξεις τους, δημιουργώντας μια εσωτερική σύγκρουση που λειτουργεί ως πρόσθετη αγωνία καθώς αγωνίζονται να συμφιλιωθούν με τις βασικές τους αξίες και την αίσθηση του εαυτού τους.

Οι Lahav κ.ά. (2020) παρέχουν περαιτέρω εικόνα του πολύπλοκου συναισθηματικού τοπίου των θυμάτων κακοποίησης, σημειώνοντας ότι συχνά παλεύουν με την εσωτερική και εξωτερική επιθετικότητα καθώς επεξεργάζονται το τραύμα τους. Αυτή η εσωτερική πάλη διαφέρει σαφώς από την έλλειψη ενσυναίσθησης και αυτοαναστοχασμού που παρατηρείται στην πραγματική ναρκισσιστική διαταραχή προσωπικότητας. Η παρουσία αυτής της εσωτερικής σύγκρουσης μπορεί στην πραγματικότητα να θεωρηθεί ως θετικό σημάδι, υποδεικνύοντας ότι το θύμα δεν έχει χάσει εντελώς την επαφή με τον αυθεντικό εαυτό και τις αξίες του.

Η ικανότητα των θυμάτων να ανακάμψουν από τη ναρκισσιστική κακοποίηση και να απαλλαγούν από αυτές τις υιοθετημένες συμπεριφορές επηρεάζεται από διάφορους παράγοντες, συμπεριλαμβανομένης της διάρκειας και της έντασης της κακοποίησης, της προσωπικής ανθεκτικότητας του θύματος και της πρόσβασης σε επαρκή υποστήριξη και πόρους. Οι Ghodratollahifard κ.ά. (2020) υπογραμμίζουν την ιδιαίτερη ευπάθεια όσων έχουν υποστεί παιδικό τραύμα, διαπιστώνοντας ότι η πρώιμη κακοποίηση, σε συνδυασμό με δυσπροσαρμοστικές στρατηγικές ρύθμισης των συναισθημάτων, συνδέεται με αυξημένο κίνδυνο εμφάνισης συμπτωμάτων διαταραχής προσωπικότητας αργότερα στη ζωή. Αυτό υπογραμμίζει τη θεμελιώδη σημασία της έγκαιρης παρέμβασης και υποστήριξης των θυμάτων ναρκισσιστικής κακοποίησης, ιδίως των παιδιών και των εφήβων που μπορεί να διατρέχουν μεγαλύτερο κίνδυνο μακροπρόθεσμων ψυχολογικών συνεπειών.

Ωστόσο, η ανάρρωση είναι δυνατή ακόμη και για όσους έχουν υποστεί παρατεταμένη ή σοβαρή κακοποίηση. Οι Maffini κ.ά. (2021) υπογραμμίζουν την αποτελεσματικότητα της εστιασμένης στο τραύμα γνωσιακής-συμπεριφορικής θεραπείας που βοηθά τα θύματα κακοποίησης να επεξεργαστούν τις εμπειρίες τους και να αναπτύξουν υγιέστερους μηχανισμούς αντιμετώπισης. Αυτός ο τύπος θεραπείας μπορεί να είναι ιδιαίτερα ωφέλιμος για την αντιμετώπιση των δυσπροσαρμοστικών συμπεριφορών που μπορεί να έχουν αναπτυχθεί ως αποτέλεσμα της κακοποίησης, βοηθώντας τα θύματα να επανασυνδεθούν με τον αυθεντικό εαυτό τους και να αποκαταστήσουν την αίσθηση της δράσης και της αυτοεκτίμησης. Ο δρόμος προς την ανάρρωση περιλαμβάνει συνήθως μια πολύπλευρη προσέγγιση που αφορά τόσο τις ψυχολογικές όσο και τις πρακτικές πτυχές της θεραπείας. Αυτό μπορεί να περιλαμβάνει ατομική θεραπεία, ομάδες υποστήριξης, εκπαίδευση σχετικά με τη ναρκισσιστική κακοποίηση και τις επιπτώσεις της, καθώς και πρακτική βοήθεια σε τομείς όπως η στέγαση, η απασχόληση και η νομική υποστήριξη. Στόχος δεν είναι μόνο να βοηθηθούν τα θύματα να επεξεργαστούν το τραύμα τους, αλλά και να μπορέσουν να ξαναχτίσουν τη ζωή τους και να ανακτήσουν την αίσθηση της ταυτότητάς τους.

Η διαδικασία ανάκαμψης σπάνια είναι γραμμική και μπορεί να περιλαμβάνει πισωγυρίσματα και προκλήσεις στην πορεία. Τα θύματα μπορεί να αντιμετωπίζουν προβλήματα εμπιστοσύνης, υπερδιέγερση και δυσκολία στη δημιουργία υγιών σχέσεων, ακόμη και μετά την έξοδο από την κακοποιητική κατάσταση. Αυτές οι συνεχιζόμενες προκλήσεις υπογραμμίζουν την ανάγκη για μακροπρόθεσμη υποστήριξη και κατανόηση, τόσο από τους επαγγελματίες όσο και από το προσωπικό δίκτυο υποστήριξης του θύματος.

Αν δεν αντιμετωπιστεί, το θύμα ναρκισσιστικής κακοποίησης μπορεί να κινδυνεύει να αναπτύξει ναρκισσιστικά χαρακτηριστικά μεγαλύτερης διάρκειας, διαιωνίζοντας ενδεχομένως τον κύκλο της κακοποίησης στις μελλοντικές του σχέσεις. Αυτό το ενδεχόμενο διαγενεακής μετάδοσης της κακοποίησης υπογραμμίζει τη θεμελιώδη σημασία της διάσπασης του κύκλου μέσω της εκπαίδευσης, της ευαισθητοποίησης και της προσβάσιμης υποστήριξης της ψυχικής υγείας. Αναγνωρίζοντας τα σημάδια της ναρκισσιστικής κακοποίησης και προσφέροντας έγκαιρη παρέμβαση, μπορούμε να βοηθήσουμε στην πρόληψη της διαιώνισης αυτών των επιζήμιων προτύπων και να υποστηρίξουμε τα θύματα στο ταξίδι της θεραπείας και της ανάρρωσης.

Κεφάλαιο 17: Το δίκοπο μαχαίρι της ναρκισσιστικής κακοποίησης

Στο περίπλοκο σενάριο των σχέσεων στις οποίες εμπλέκονται ναρκισσιστές, η δυναμική μπορεί να αλλάξει δραματικά, οδηγώντας συχνά σε έντονες συναισθηματικές αντιπαραθέσεις και, σε ορισμένες περιπτώσεις, σε ακραίες ενέργειες εκ μέρους όσων έχουν πέσει θύματα. Οι αλλαγές αυτές μπορεί να εκδηλωθούν με διάφορους τρόπους, όπως το να καταφύγουν τα θύματα στη βία ή να εγκαταλείψουν τους θύτες τους υπό τρομερές συνθήκες. Οι παρακάτω ιστορίες και πραγματικές περιπτώσεις καταδεικνύουν τις βαθιές επιπτώσεις της ναρκισσιστικής κακοποίησης και το πόσο μακριά μπορούν να φτάσουν τα θύματα για να ξεφύγουν ή να εκδικηθούν.

Η υπόθεση των αδελφών Μενέντεζ (1989): Ο Lyle και ο Erik Menendez καταδικάστηκαν για τη δολοφονία των γονιών τους, του Jose και της Kitty Menendez, στην έπαυλή τους στο Beverly Hills. Τα αδέλφια ισχυρίστηκαν ότι είχαν υποστεί επί χρόνια σεξουαλική, συναισθηματική και σωματική κακοποίηση από τον ναρκισσιστή και κακοποιητικό πατέρα τους. Τα αδέλφια καταδικάστηκαν σε ισόβια κάθειρξη χωρίς δυνατότητα αναστολής.

Η υπόθεση Betty Broderick (1989): Αφού υπέμεινε χρόνια συναισθηματικής κακοποίησης από τον ναρκισσιστή σύζυγό της, Νταν Μπρόντερικ, η Μπέτι Μπρόντερικ πυροβόλησε και σκότωσε τον Νταν και τη νέα του σύζυγο, Λίντα. Η Μπέτι γινόταν όλο και πιο ασταθής αφού ο Νταν την εγκατέλειψε για τη νεότερη βοηθό του, τη Λίντα, και χρησιμοποίησε τη νομική του εμπειρία για να χειραγωγήσει τη διαδικασία του διαζυγίου.

Η ιστορία της Ruchika Girhotra (1990): Η Ruchika Girhotra ήταν ένα 14χρονο κορίτσι που κακοποιήθηκε σεξουαλικά από τον S.P.S. Rathore, έναν ανώτερο αστυνομικό στη Haryana της Ινδίας. Ο Rathore είχε ναρκισσιστικές τάσεις και χρησιμοποιούσε την εξουσία του για να εκφοβίσει και να κακοποιήσει τη Ruchika. Παρά την παρενόχληση, η Ruchika και η οικογένειά της αντιστάθηκαν και κατέθεσαν μήνυση κατά του Rathore. Με τραγικό τρόπο, η Ruchika αυτοκτόνησε τρία χρόνια αργότερα λόγω της συνεχιζόμενης παρενόχλησης και του κοινωνικού στιγματισμού. Η οικογένειά της συνέχισε τη νομική μάχη και, το 2009, ο Rathore καταδικάστηκε τελικά.

Η υπόθεση Clara Harris (2002): Η Clara Harris ήταν μια οδοντίατρος από το Τέξας που ανακάλυψε ότι ο σύζυγός της, David Harris, είχε σχέση με τη ρεσεψιονίστ του. Ο David είχε ναρκισσιστικά χαρακτηριστικά και ιστορικό απιστίας. Σε μια κρίση οργής, η Κλάρα παρέσυρε με το αυτοκίνητό της τον Ντέιβιντ αρκετές φορές στο πάρκινγκ ενός ξενοδοχείου, σκοτώνοντάς τον. Η Κλάρα καταδικάστηκε αργότερα για φόνο και σε 20 χρόνια φυλάκισης.

Η υπόθεση της Mary Winkler (2006): Η Mary Winkler ήταν μια γυναίκα από το Τενεσί που πυροβόλησε και σκότωσε τον σύζυγό της, Matthew Winkler, έναν ιερέα με ιστορικό ναρκισσιστικής και καταχρηστικής συμπεριφοράς. Η Mary υπέμεινε χρόνια συναισθηματικής και σωματικής κακοποίησης προτού αναλάβει ακραία δράση. Αργότερα καταδικάστηκε για ανθρωποκτονία εκ προθέσεως και της επιβλήθηκε ποινή φυλάκισης τριών ετών.

Υπόθεση John Edwards και Rielle Hunter (2006): Ο Τζον Έντουαρντς, πρώην γερουσιαστής των ΗΠΑ, επιδόθηκε σε μια πολυδιαφημισμένη εξωσυζυγική σχέση με τη Ριέλ Χάντερ, ενώ η σύζυγός του, Ελίζαμπεθ Έντουαρντς, έδινε μάχη με τον καρκίνο. Ο Τζον, ο οποίος εμφάνιζε ναρκισσιστικές τάσεις, αναζητούσε επιβεβαίωση και θαυμασμό εκτός του γάμου του. Η Rielle, αρχικά θύμα της χειραγώγησης του John, κατέληξε να χρησιμοποιήσει τη σχέση για να αποκτήσει οικονομικά και κοινωνικά πλεονεκτήματα. Η σχέση οδήγησε στη διάλυση της πολιτικής καριέρας του Τζον και τον άφησε να παλεύει με τον δημόσιο εξευτελισμό και την προσωπική του απώλεια.

Η υπόθεση της Jodi Arias και του Travis Alexander (2008): Η σχέση μεταξύ της Jodi Arias και του Travis Alexander ήταν ταραχώδης και χαρακτηριζόταν από συναισθηματική χειραγώγηση και έλεγχο. Ο Travis, ο οποίος εμφάνιζε ναρκισσιστικά χαρακτηριστικά, συχνά υποτιμούσε και χειραγωγούσε την Jodi. Με την πάροδο του χρόνου, η συμπεριφορά της Jodi γινόταν όλο και πιο ασταθής και εμμονική. Το 2008, η σχέση κορυφώθηκε με μια βίαιη αντιπαράθεση κατά την οποία η Jodi δολοφόνησε τον Travis στο σπίτι τους στη Mesa της Αριζόνα.

Η υπόθεση Gypsy Rose Blanchard (2015): Η Gypsy Rose Blanchard ήταν επί μακρόν θύμα της μητέρας της, Dee Dee Blanchard, η οποία επέδειξε ναρκισσιστική και καταχρηστική συμπεριφορά, κατασκεύαζε ασθένειες για τη Gypsy και την υπέβαλε σε περιττές ιατρικές διαδικασίες. Για να ξεφύγει από την κακοποίηση της μητέρας της, η Gypsy συνωμότησε με τον τότε φίλο της για να δολοφονήσει την Dee Dee. Η Gypsy χειραγώγησε το φίλο της για να διαπράξει το έγκλημα, αντικατοπτρίζοντας τις τακτικές χειραγώγησης που είχε μάθει από τη μητέρα της.

Η υπόθεση Sally Challen (2019): Η Sally Challen καταδικάστηκε για τη δολοφονία του συζύγου της, Richard Challen, το 2010, αφού υπέστη δεκαετίες ψυχολογικής κακοποίησης. Ο Ρίτσαρντ είχε ναρκισσιστικά χαρακτηριστικά και υπέβαλλε τη Σάλι σε καταναγκαστικό έλεγχο. Το 2019, η καταδίκη της Sally ανατράπηκε και αποφυλακίστηκε μετά από επιτυχή έφεση που αναγνώρισε τις επιπτώσεις του καταναγκαστικού ελέγχου και της ενδοοικογενειακής βίας.

Κεφάλαιο 18: Η διαρκής γοητεία των τοξικών δεσμών

Η μακροβιότητα των τοξικών δεσμών με τους ναρκισσιστές συνήθως συντηρείται από την εσωτερικευμένη αίσθηση απελπισίας του θύματος και την επιδέξια ψυχολογική χειραγώγηση του ναρκισσιστή. Όμως οι επιπτώσεις αυτών των δυσλειτουργικών σχέσεων εξαπλώνονται, επηρεάζοντας ολόκληρες οικογένειες. Τα παιδιά που μεγαλώνουν σε σπίτια στα οποία κυριαρχεί η ναρκισσιστική κακοποίηση γίνονται μάρτυρες συνεχών συγκρούσεων και αρχίζουν να εξομαλύνουν τη βία ως αναπόσπαστο μέρος των στενών σχέσεων. Οι ψυχικά άρρωστοι φροντιστές τους ενισχύουν αυτή τη διαστρεβλωμένη κοσμοθεωρία, επιμένοντας ότι το χάος και η επιθετικότητα που βιώνουν είναι απολύτως φυσιολογικά.

Ως αποτέλεσμα, αυτά τα παιδιά συχνά γίνονται ενήλικες που βρίσκουν την ειρήνη ενοχλητική και δημιουργούν ασυνείδητα δράματα για να αναπαραστήσουν την οικογενειακή αναταραχή της ανατροφής τους. Ορισμένα μάλιστα εξισώνουν τη σύγκρουση και τη συμφιλίωση με την αληθινή αγάπη, αδυνατώντας να φανταστούν μια υγιή και σταθερή συνεργασία. Όπως μου έχουν πει κάποιες γυναίκες με ψυχικές διαταραχές: «Αν δεν τσακωνόμαστε και δεν τα βρίσκουμε, πώς θα ξέρω ότι με αγαπάς; Και πώς θα ξέρω αν με αγαπάς πραγματικά ή αν μπορείς να με αφήσεις;».

Η δυναμική που δημιουργούν οι ναρκισσιστές είναι εξαιρετικά ελκυστική, επειδή χαρακτηρίζεται από έντονες συναισθηματικές εμπειρίες και ψυχολογική χειραγώγηση. Αυτός είναι ο λόγος για τον οποίο απεικονίζονται τόσο συχνά σε διάφορες μορφές μέσων ενημέρωσης, συμπεριλαμβανομένης της λογοτεχνίας και του κινηματογράφου, όπου οι σχέσεις αυτές συχνά ρομαντικοποιούνται. Συχνά ακολουθούν ένα μοτίβο στο οποίο ένα άτομο, συνήθως με ναρκισσιστικά χαρακτηριστικά, ασκεί έλεγχο και επιρροή στον σύντροφό του, ο οποίος γίνεται συναισθηματικά εξαρτημένος από τον ναρκισσιστή.

Η διαδεδομένη γοητεία αυτών των σχέσεων μπορεί να φανεί στη δημοτικότητα μυθιστορημάτων όπως το «Πενήντα αποχρώσεις του γκρι» της E.L. James, το οποίο έχει γίνει πολιτιστικό φαινόμενο. Το βιβλίο και οι συνέχειές του διερευνούν την πολύπλοκη δυναμική μεταξύ των πρωταγωνιστών, του Κρίστιαν Γκρέι και της Αναστάζια Στιλ, η σχέση των οποίων χαρακτηρίζεται από παιχνίδια εξουσίας και στοιχεία ελέγχου που συχνά συνδέονται με τις ναρκισσιστικές σχέσεις. Επιπλέον, ο χαρακτήρας του Κρίστιαν Γκρέι στις Πενήντα αποχρώσεις του γκρι μπορεί να θεωρηθεί ως ένα σύγχρονο αντίστοιχο του βυζρονικού ήρωα, ενός τύπου χαρακτήρα που είναι ταυτόχρονα ελκυστικός και απωθητικός λόγω της σύνθετης και συχνά σκοτεινής προσωπικότητάς του. Αυτό το αρχέτυπο, που παρατηρείται σε χαρακτήρες όπως ο κύριος Ρότσεστερ στην

Τζέιν Έιρ της Σαρλότ Μπροντέ, ενσωματώνει ιδιότητες αλαζονείας, προβληματικό παρελθόν και τάση για συναισθηματική χειραγώγηση, χαρακτηριστικά που συχνά συνδέονται με τη ναρκισσιστική διαταραχή προσωπικότητας.

Η λογοτεχνία φαντασίας προσφέρει επίσης πειστικά παραδείγματα αυτής της δυναμικής, ιδίως σε μυθιστορήματα με βρικόλακες. Στο βιβλίο της Anne Rice «Συνέντευξη με τον βρικόλακα», η σχέση μεταξύ του Louis de Pointe du Lac και του δημιουργού του, Lestat de Lioncourt, είναι σχέση εξάρτησης και συναισθηματικής χειραγώγησης. Ο Λεστάτ, μια χαρισματική και ναρκισσιστική φιγούρα, ασκεί έλεγχο στον Λουί, ο οποίος παλεύει με τη νέα του ύπαρξη και τις ηθικές συνέπειες του να είσαι βρικόλακας. Η συνέχεια, Vampire Lestat, εμβαθύνει στην προϊστορία του Λεστάτ, αποκαλύπτοντας τις πολύπλοκες δυναμικές εξουσίας και τη συναισθηματική χειραγώγηση που χαρακτηρίζουν τις σχέσεις του με άλλους βρικόλακες.

Εξισώνοντας τη συναισθηματική κακοποίηση με τη δυναμική της αγάπης και των σχέσεων, αυτές οι φανταστικές ιστορίες συμβάλλουν επίσης στην κανονικοποίηση της ψυχολογικής κακοποίησης, ιδίως της ναρκισσιστικής χειραγώγησης. Οι άνθρωποι έχουν συνηθίσει να αποδέχονται τις ψυχικές ασθένειες ως μέρος της ζωής και στη συνέχεια αναρωτιούνται γιατί οι σχέσεις τους είναι μια τόσο ανικανοποίητη μιζέρια όταν παρουσιάζουν σημάδια τοξικότητας και γιατί ένα μεγάλο ποσοστό των γυναικών στον κόσμο δεν παντρεύεται και δεν μπορεί να βρει σύζυγο.

Σύμφωνα με πρόσφατες προβλέψεις της Morgan Stanley, το 45% των γυναικών μεταξύ 25 και 44 ετών στις Ηνωμένες Πολιτείες θα είναι ανύπαντρες μέχρι το 2030. Πρόκειται για το υψηλότερο ποσοστό ανύπαντρων γυναικών σε αυτή την ηλικιακή ομάδα που έχει καταγραφεί ποτέ στην ιστορία. Παρόμοιες τάσεις αναδύονται σε παγκόσμιο επίπεδο, με το ποσοστό των ανύπαντρων γυναικών στην Κίνα να αναμένεται να αυξηθεί από 39% το 2021 σε περίπου 44% το 2030. Εάν συνεχιστούν αυτά τα πρότυπα, περίπου οι μισές ή και περισσότερες γυναίκες σε μεγάλες οικονομίες όπως οι Ηνωμένες Πολιτείες και η Κίνα θα μπορούσαν να είναι ανύπαντρες και άτεκνες μέχρι το 2040, ενώ παρόμοια ποσοστά είναι πιθανόν να υπάρχουν και σε άλλα μέρη του κόσμου.

Εν τω μεταξύ, περίπου το 20 τοις εκατό του παγκόσμιου πληθυσμού εκτιμάται ότι έχει ναρκισσιστικά χαρακτηριστικά, και το ποσοστό αυτό αυξάνεται, πράγμα που σημαίνει ότι όλο και περισσότεροι άνθρωποι θα πρέπει να κατανοήσουν πώς να αξιολογούν πιθανές σχέσεις και να ξεπερνούν τη ναρκισσιστική κακοποίηση σε διάφορα πλαίσια. Αρκετοί παράγοντες συμβάλλουν στη ραγδαία εξάπλωση των ναρκισσιστικών χαρακτηριστικών στη σημερινή κοινωνία:

1. Μέσα κοινωνικής δικτύωσης και τεχνολογία: η εμφάνιση πλατφορμών που ενθαρρύνουν την αυτοπροβολή και την επιμελημένη αυτοπαρουσίαση έχει εξομαλύνει την υπερβολική εγωπάθεια και την ενασχόληση με την εμφάνιση. Μελέτες έχουν συνδέσει την προβληματική χρήση των smartphones με την αύξηση των ναρκισσιστικών τάσεων.

2. Έμφαση της κοινωνίας στην αυτοεκτίμηση: Οι καλοπροαίρετες προσπάθειες για την προώθηση της αυτοεκτίμησης, ιδίως σε εκπαιδευτικά πλαίσια, μπορεί να έχουν προωθήσει ακούσια

ναρκισσιστικές τάσεις, εστιάζοντας στην αυτοεκτίμηση χωρίς να δίνουν έμφαση στην ενσυναίσθηση και την κοινωνική ευθύνη.

3. Επιρροή από τα μέσα ενημέρωσης: Η αυξημένη έκθεση στην κουλτούρα των διασημοτήτων και στον εξιδανικευμένο τρόπο ζωής μέσω διαφόρων καναλιών των μέσων ενημέρωσης μπορεί να ενισχύσει τις ναρκισσιστικές φιλοδοξίες και τις μη ρεαλιστικές προσδοκίες.

4. Οικονομικοί παράγοντες: Ορισμένοι ερευνητές υποστηρίζουν ότι τα οικονομικά συστήματα που επιβραβεύουν την αυτοπροβολή και τα ατομικιστικά επιτεύγματα μπορούν να ενισχύσουν ακούσια τη ναρκισσιστική συμπεριφορά.

5. Μειωμένη συμμετοχή στην κοινότητα: Με την αποδυνάμωση των παραδοσιακών κοινοτικών δομών, μπορεί να υπάρχουν λιγότερες ευκαιρίες για τα άτομα να αναπτύξουν ενσυναίσθηση και κοινωνική ευαισθητοποίηση μέσω συλλογικών εμπειριών.

Κεφάλαιο 19: Ναρκισσιστικές φιλίες

Η κανονικοποίηση των ναρκισσιστικών χαρακτηριστικών, ο ενθουσιασμός που διαπερνά τα μυθιστορήματα και τις ταινίες που απεικονίζουν ναρκισσιστική συμπεριφορά και ο γενικός θαυμασμός για διασημότητες που επιδεικνύουν ναρκισσιστικές συμπεριφορές οδηγεί την κοινωνία στο να έλκεται ασυνείδητα από αυτές τις προσωπικότητες και να ανέχεται ακόμη και την κακοποίηση που δέχονται. Αυτή η δημοτικότητα του ναρκισσισμού γίνεται ακόμη πιο ελκυστική για τους ίδιους τους ναρκισσιστές, οι οποίοι τους θαυμάζουν ως πρότυπα.

Κατά συνέπεια, όπως ακριβώς οι ναρκισσιστές αναπτύσσουν μια εκτίμηση για άλλους ναρκισσιστές λόγω της φύσης τους να θαυμάζουν τα ναρκισσιστικά χαρακτηριστικά στους άλλους και καταλήγουν σε σχέσεις με άλλους ναρκισσιστές, όπου λαμβάνουν καρμική ανταπόδοση για όσα κάνουν στους άλλους, φαίνεται επίσης να βρίσκουν παρηγοριά σε φίλους που παρουσιάζουν ναρκισσιστικά χαρακτηριστικά. Αυτοί είναι οι άνθρωποι που τους επικυρώνουν και ενθαρρύνουν τη ναρκισσιστική τους συμπεριφορά. Αυτοί οι άνθρωποι δεν τους λένε ποτέ να βελτιωθούν ή να αλλάξουν και αντίθετα επαινούν την κακοποίηση και την ασέβειά τους προς τους άλλους. Οι ναρκισσιστές το λατρεύουν αυτό επειδή έχουν τον εγκέφαλο ενός παιδιού. Τους αρέσει να τους ευνοούν και να τους επαινούν επειδή συμπεριφέρονται σαν ανώριμα παιδιά.

Από την άλλη πλευρά, μόνο οι ηλίθιοι βλέπουν τον ναρκισσιστή ως κάποιον άξιο θαυμασμού και, όπως είναι φυσικό, πολλοί από αυτούς τους ηλίθιους είναι οι ίδιοι ναρκισσιστές. Είναι σαν να βλέπεις να συγκεντρώνεται μια λεγεώνα δαιμόνων, ένας από τους οποίους είναι πιο ανέντιμος και χειριστικός από τους άλλους που τον θαυμάζουν για παρηγοριά και επιβεβαίωση.

Για τους λόγους αυτούς, πιστεύω ότι αυτό που προσελκύει τον ναρκισσιστή στον ενσυναίσθηση είναι ο ίδιος λόγος για τον οποίο μισεί τον ενσυναίσθηση, δηλαδή η αφέλεια του ενσυναίσθηση. Αυτό εκφράζεται σε μια απλή ερώτηση που πολλοί ναρκισσιστές κάνουν στο θύμα τους: Γιατί θέλεις να είσαι μαζί μου;

Αυτές οι γυναίκες δεν μπορούν να καταλάβουν γιατί κάποιος ξέρει ότι είναι κακές και εξακολουθεί να θέλει να είναι μαζί τους και να τις κάνει να αισθάνονται επικυρωμένες.

Η έννοια του κακού αγοριού αντιπροσωπεύει την άλλη πλευρά αυτού του φαινομένου, επειδή οι γυναίκες με αρνητικό χαρακτήρα έλκονται από άνδρες της ίδιας φύσης. Όσο χειρότερη είναι μια γυναίκα, τόσο περισσότερο έλκεται από άνδρες με παρόμοιο χαρακτήρα. Αυτός είναι ο λόγος που όλες καταλήγουν μόνες μετά τα 40 και εξακολουθούν να πιστεύουν ότι το πρόβλημα δεν είναι με αυτές, αλλά με τους άνδρες που γνωρίζουν, λες και δεν περιγράφουν ναρκισσιστές άνδρες και όχι ολόκληρο τον ανδρικό πληθυσμό.

Αυτοί που ξέρουν ότι κάποιος είναι κακός θα τον αντιμετωπίσουν ως τέτοιο, πράγμα που διευκολύνει την κακή προσωπικότητα να σταματήσει να προσποιείται, να χαλαρώσει και να νιώσει αποδεκτή. Το μπερδεύουν αυτό με την αγάπη, αλλά δεν υπάρχει αγάπη σε αυτές τις σχέσεις, μόνο ναρκισσιστές που καθρεφτίζονται μεταξύ τους. Γι' αυτό καταλήγουν να ερωτεύονται τους ανθρώπους που τις πληγώνουν.

Αυτές οι γυναίκες περιμένουν από τους ναρκισσιστές άντρες να ανταποδώσουν την αγάπη τους, επειδή είναι ο μόνος τύπος άντρα που μπορεί να τις ελκύσει πραγματικά, και όταν λένε: «Τον άφησα επειδή ήταν ναρκισσιστής», κρύβουν αυτό που αργότερα επιβεβαιώνουν ότι είναι η αλήθεια: τις εγκατέλειψε ένας ναρκισσιστής.

Για τον ναρκισσιστή, υπάρχουν μόνο δύο τύποι ανθρώπων: οι δυνατοί και οι αδύναμοι. Οι δυνατοί είναι εκείνοι που εκμεταλλεύονται τους άλλους, ενώ οι αδύναμοι είναι εκείνοι που χρειάζονται τους άλλους για να επιβιώσουν. Ως εκ τούτου, χρησιμοποιούν τους αδύναμους, αλλά έλκονται από τους ισχυρούς, πράγμα που σημαίνει ότι έλκονται από την προσοχή που προσφέρει ένας ενσυναίσθητος, όπως ακριβώς έλκονται από την επιβεβαίωση που προσφέρει ένας ναρκισσιστής. Αγαπούν τον ισχυρό με την κακοποίησή τους όσο και τον φοβούνται.

Ακολουθούν ιστορίες ανθρώπων που παραπονιούνται για τους συζύγους τους αλλά συνεχίζουν να επιστρέφουν σε αυτούς. Παγιδευμένοι στις ψευδαισθήσεις τους, οι ναρκισσιστές ενεργούν σαν ο μόνος τρόπος για να επιβιώσουν να συμμαχήσουν με εκείνους που θεωρούν ισχυρούς και να δημιουργήσουν εκστρατείες λάσπης γύρω από εκείνους που θεωρούν απειλή για τις ανασφάλειές τους.

Ελκύονται από την προσοχή των ενσυναισθητικών όσο και απωθούνται από τις ιδιότητές τους και έλκονται από την επιβεβαίωση ενός άλλου ναρκισσιστή όσο και φοβούνται ότι θα τους εγκαταλείψουν. Συνήθως, οι ναρκισσιστές παραπαίουν στις σχέσεις τους με ενσυναισθητικούς και άλλους ναρκισσιστές για αυτούς τους λόγους.

Ωστόσο, το επίπεδο ανασφάλειας που νιώθουν μπορεί να είναι τόσο βαθύ που φτάνουν σε σημείο να κάνουν μεγάλη προσπάθεια στις εκστρατείες λάσπης τους για να ακυρώσουν κάποιον, πράγμα που σημαίνει ότι καταστρέφουν πάντα τις δικές τους σχέσεις.

Κεφάλαιο 20: Συναλλακτικές σχέσεις

Ίσως το πιο συνηθισμένο παράδοξο της ναρκισσιστικής συμπεριφοράς είναι ότι αναζητούν την προσοχή από εκείνους που περιφρονούν. Το κάνουν αυτό μόνο όσο οι άνθρωποι αυτοί τους είναι χρήσιμοι και αργότερα τους απορρίπτουν και τους αγνοούν όταν αυτό δεν ισχύει πλέον. Εν τω μεταξύ, θα υποτιμήσουν τη φήμη τους και θα διαδώσουν ακόμη και ψευδείς φήμες που έρχονται σε αντίθεση με το είδος της αξίας που βλέπουν στο άλλο άτομο. Αυτό συνέβη με έναν Γάλλο συγγραφέα που γνώρισα στην Ελλάδα, ο οποίος υπαινίχθηκε στον κόσμο ότι είχα νεκρές γάτες στο σπίτι μου ή ότι γάτες εξαφανίζονταν στην περιοχή από τότε που έφτασα. Προσπαθούσε να κάνει τους ανθρώπους να πιστέψουν ότι σκότωνα γάτες για πλάκα, παίζοντας με τις παρανοϊκές τους σκέψεις, και οι άνθρωποι ήταν αρκετά διανοητικά καθυστερημένοι για να τον πιστέψουν, γι' αυτό και είχα διαφωνίες με κάποιους που ισχυρίζονταν ότι είχα δηλητηριάσει τη γάτα τους.

Υπάρχουν τόσοι πολλοί ηλίθιοι άνθρωποι σε αυτόν τον πλανήτη που θα πιστέψουν οτιδήποτε τους πεις, ακόμα και τα πιο γελοία πράγματα.

Είναι επιρρεπείς στην παρανοϊκή διαταραχή προσωπικότητας, την οποία ο ναρκισσιστής εκμεταλλεύεται πλήρως. Ο ναρκισσιστής είναι αρκετά καλός ώστε να εξαπατά τους άλλους και να παίρνει αυτό που θέλει, όσο παράλογα κι αν είναι αυτά που λέει, γιατί ξέρει ότι οι άνθρωποι είναι αρκετά ηλίθιοι για να τον πιστέψουν.

Οι ναρκισσιστές πιστεύουν επίσης ότι όλοι θέλουν να κλέψουν τα λίγα που έχουν και γι' αυτό πιστεύουν επίσης ότι αν μοιραστούν και διδάξουν αυτά που γνωρίζουν, θα χάσουν το πλεονέκτημα που έχουν έναντι των άλλων. Αντ' αυτού, προσπαθούν να αποκτήσουν και να διατηρήσουν αυτό το πλεονέκτημα συγκεντρώνοντας πληροφορίες για τους άλλους ανθρώπους, είτε μέσω κουτσομπολιού είτε μέσω ψευδών επιδείξεων αλτρουισμού και φιλίας. Μιλούν χωρίς να μιλούν, θέλοντας να πάρουν πληροφορίες, αλλά χωρίς να αποκαλύπτουν τίποτα για τον εαυτό τους ή για όσα γνωρίζουν. Μπορείτε να το δείτε αυτό ξεκάθαρα όταν αρνούνται να απαντήσουν στις ίδιες ερωτήσεις που σας κάνουν.

Το επίπεδο νοημοσύνης ενός ναρκισσιστή περιορίζεται στον εαυτό του, γι' αυτό και μπορεί να φαίνονται ειδικοί στην εξαπάτηση, τη χειραγώγηση και το ψέμα, αλλά είναι απίστευτα ηλίθιοι σε όλα τα υπόλοιπα. Είναι ανίκανοι να συναισθανθούν τους άλλους ή να δουν τα πράγματα από τη δική τους οπτική γωνία. Οι ναρκισσιστές δεν ξέρουν πώς να εμπιστεύονται, να συνεργάζονται ή να εργάζονται με τους άλλους, επειδή βλέπουν τα πάντα ως ανταγωνισμό, οπότε αντί γι' αυτό βλέπουν τις αλληλεπιδράσεις τους ως ανταλλαγές. Αν δεν υπάρχει τίποτα προς ανταλλαγή, προτιμούν να εγκαταλείψουν το άλλο άτομο ή ακόμα και να το αφήσουν να πεθάνει μόνο του. Δεν καταλαβαίνουν την αξία της ανταλλαγής σκέψεων και αντιλήψεων, επειδή αυτό δεν αποτελεί μέρος της πραγματικότητάς τους. Στην πραγματικότητα, οι ναρκισσιστές δεν έχουν τίποτα άλλο παρά περιφρόνηση για έναν άρρωστο σύντροφο ή φίλο και προτιμούν να διασκεδάζουν όλη τη νύχτα με άλλους ανθρώπους παρά να μείνουν στο πλευρό ενός άρρωστου συζύγου.

Μια τέλεια αναλογία γι' αυτό είναι η φαρμακοβιομηχανία, η οποία κερδίζει από τις ασθένειες των ανθρώπων και αφήνει όσους δεν μπορούν να πληρώσουν τα φάρμακά της να πεθάνουν, ενώ αναγκάζει τους γιατρούς να συνταγογραφούν συγκεκριμένες διαδικασίες υπό την απειλή ότι θα χάσουν την άδειά τους αν δεν το κάνουν. Αυτό είναι αυτό που ονομάζω εκφοβισμό. Αυτό είναι που ονομάζω εκφοβισμό στο υψηλότερο επίπεδο, με την προστασία του νόμου και των κυβερνήσεων. Οι γιατροί που προσπαθούν να ξεφύγουν από αυτό το σύστημα συνταγογραφώντας πιο αποτελεσματικές θεραπείες μπαίνουν στη φυλακή.Είναι εξαντλητικό να ασχολείσαι με τους ναρκισσιστές, επειδή ρουφάνε συνεχώς την ενέργεια από τους άλλους και συμπεριφέρονται σαν ενεργειακά βαμπίρ σε όλους τους τομείς, χωρίς να μπορούν να δώσουν καμία υποστήριξη ή αναγνώριση. Έχουν εμμονή με το να παίρνουν όσα περισσότερα μπορούν από τους άλλους, ιδίως με νόμιμα μέσα, και δεν αποτελεί έκπληξη το γεγονός ότι πολλοί από αυτούς αναζητούν διασυνδέσεις στην κυβέρνηση και σε κυβερνητικούς θεσμούς. Έχουν εμμονή με την εξουσία, επειδή γνωρίζουν ότι με περισσότερη εξουσία, μπορούν να κακοποιούν περισσότερους ανθρώπους με λιγότερες συνέπειες.

Οι ναρκισσιστές μαστίζονται από μια εγωκεντρική άποψη για τον κόσμο, συχνά γεμάτη στερεότυπα, διακρίσεις και προκαταλήψεις. Κρίνουν γρήγορα τους ανθρώπους, σχηματίζοντας γνώμη στα πρώτα 5 δευτερόλεπτα και στη συνέχεια ξοδεύουν τον υπόλοιπο χρόνο προσπαθώντας να αποδείξουν ότι οι παρατηρήσεις τους είναι σωστές.

Αυτό δημιουργεί μια κατάσταση στην οποία οι άλλοι άνθρωποι αισθάνονται συνεχώς υποτιμημένοι και ασεβείς, καθώς αναγκάζονται να αποδείξουν την αξία τους σε ανθρώπους που δεν μπορούν ποτέ να πειστούν πραγματικά.

Οι ναρκισσιστές είναι ανίκανοι να αλλάξουν γνώμη, ανίκανοι να δουν τις προοπτικές των άλλων ανθρώπων ή να μάθουν από τα δικά τους λάθη, ανίκανοι να καταλάβουν ότι οι απόψεις τους μπορεί να είναι εντελώς λανθασμένες ή επηρεασμένες από την περιορισμένη εμπειρία και κοσμοθεωρία τους. Αντ' αυτού, βασίζονται σε προκατασκευασμένες αντιλήψεις για να περιηγηθούν στον κόσμο γύρω τους και να δικαιολογήσουν τις απόψεις τους.

Όταν έχουμε να κάνουμε με ναρκισσιστές, συχνά ανακαλύπτουμε ότι προσπαθούμε να αποδείξουμε την αξία μας και να πείσουμε τον ναρκισσιστή για την αξία μας, αλλά αυτό είναι μια μάταιη προσπάθεια, επειδή ο ναρκισσιστής δεν ενδιαφέρεται να ακούσει, να μάθει ή να αναπτυχθεί από την εμπειρία του. Επικεντρώνονται μόνο στις δικές τους απόψεις και δεν τις αλλάζουν, όσες αποδείξεις κι αν τους παρουσιάσουμε.

Αυτό δημιουργεί ένα αίσθημα απογοήτευσης και ανεπάρκειας στα άτομα που συνεχώς κρίνονται χωρίς πραγματικό λόγο ή αποδείξεις. Με την πάροδο του χρόνου, η ενασχόληση με τους ναρκισσιστές μπορεί να έχει σημαντικό αρνητικό αντίκτυπο στην ψυχική υγεία ενός ατόμου. Η ενασχόληση με ναρκισσιστές μπορεί να συμβάλει σημαντικά στο άγχος, την κατάθλιψη και άλλα προβλήματα ψυχικής υγείας. Αυτό ισχύει ιδιαίτερα όταν ασχολείστε με ναρκισσιστές σε τακτική βάση, καθώς η κατάσταση γίνεται πιο έντονη και πιο δύσκολο να ξεφύγετε, ειδικά σε περιβάλλον γραφείου. Αυτό δημιουργεί μια αίσθηση αποσύνδεσης που μπορεί να είναι δύσκολο να ξεπεραστεί.

Μετά από μια περίοδο που ζούμε με ναρκισσιστές, εξαντλημένοι, μπορεί να πέσουμε σε απάθεια και να χάσουμε το κίνητρο για τα πράγματα που μας έδιναν χαρά, και αυτό ακριβώς θέλουν - την καταστροφή της ζωής όσων απειλούν την ύπαρξή τους. Προσπαθούν να εξαντλήσουν τα φώτα του κόσμου, εξευτελίζοντάς τους και κάνοντάς τους απαθείς. Είναι δολοφόνοι της χαράς. Είναι αυτό που ονομάζουμε τοξικές προσωπικότητες. Τις αποκαλούμε τοξικές επειδή μας δηλητηριάζουν - αμβλύνουν τις αισθήσεις μας, μας κλέβουν τη ζωτικότητά μας, μας εξαντλούν σωματικά και διανοητικά και μας κάνουν να ενεργούμε παράλογα.

Κεφάλαιο 21: Κατανόηση και αντιμετώπιση του ναρκισσισμού

Οι πρόσφατες εξελίξεις στην απεικόνιση του εγκεφάλου και στη γνωστική έρευνα έχουν ρίξει νέο φως στη ναρκισσιστική διαταραχή προσωπικότητας (NPD), προσφέροντας νέες γνώσεις σχετικά με το γιατί τα άτομα με αυτή την κατάσταση συμπεριφέρονται με τον τρόπο που συμπεριφέρονται. Αυτή η αυξανόμενη κατανόηση όχι μόνο συμβάλλει στην εξήγηση των ναρκισσιστικών χαρακτηριστικών, αλλά υποδεικνύει και αποτελεσματικότερες θεραπείες.

Στο επίκεντρο αυτής της διαταραχής βρίσκεται μια σειρά από διαφορές στη λειτουργία του εγκεφάλου, κυρίως στις περιοχές που είναι υπεύθυνες για την αυτογνωσία, την ενσυναίσθηση και τον συναισθηματικό έλεγχο. Ο προμετωπιαίος φλοιός, μια βασική περιοχή για αυτές τις λειτουργίες, παρουσιάζει μειωμένη δραστηριότητα στα άτομα με ναρκισσισμό. Αυτό συμβάλλει στην εξήγηση της δυσκολίας ελέγχου των παρορμήσεων, της έλλειψης ενσυναίσθησης και της δυσκολίας διαχείρισης των συναισθημάτων. Αλλά αυτό δεν είναι το τέλος της ιστορίας. Ο εγκέφαλος είναι ένα πολύπλοκο δίκτυο και, στους ναρκισσιστές, οι συνδέσεις μεταξύ των διαφόρων περιοχών είναι επίσης τροποποιημένες.

Για παράδειγμα, διαταράσσεται η σύνδεση μεταξύ του προμετωπιαίου φλοιού και της αμυγδαλής, μιας περιοχής που εμπλέκεται στην επεξεργασία των συναισθημάτων. Αυτό οδηγεί σε έντονες συναισθηματικές αντιδράσεις και στην τάση να αντιλαμβάνονται ακόμη και μικρές επικρίσεις ως μεγάλη απειλή.

Ένας άλλος σημαντικός παράγοντας είναι το σύστημα ανταμοιβής του εγκεφάλου. Στα άτομα με ναρκισσισμό, το σύστημα αυτό είναι υπερβολικά ευαίσθητο στον έπαινο και τον θαυμασμό, αλλά λιγότερο ευαίσθητο στην αρνητική ανατροφοδότηση. Αυτή η ανισορροπία τροφοδοτεί τη συνεχή ανάγκη για επικύρωση και τη δυσκολία να μάθουν από τα λάθη που χαρακτηρίζουν τη ναρκισσιστική συμπεριφορά.

Το σύστημα των νευρώνων καθρέφτη, το οποίο μας βοηθά να κατανοήσουμε και να συναισθανθούμε τους άλλους, λειτουργεί επίσης διαφορετικά στους ναρκισσιστές. Η μειωμένη δραστηριότητα σε αυτό το σύστημα μπορεί να εξηγήσει γιατί τα άτομα με ναρκισσισμό δυσκολεύονται να συνδεθούν συναισθηματικά με τους άλλους και συχνά αντιμετωπίζουν τους ανθρώπους ως αντικείμενα και όχι ως άτομα με τα δικά τους συναισθήματα και ανάγκες.

Επιπλέον, το δίκτυο προεπιλεγμένων λειτουργιών, ένα σύνολο εγκεφαλικών περιοχών που ενεργοποιούνται όταν σκεφτόμαστε τον εαυτό μας ή τους άλλους, παρουσιάζει τροποποιημένα πρότυπα στους ναρκισσιστές. Αυτό μπορεί να συμβάλει στην τάση του ναρκισσιστή να ερμηνεύει τα πάντα με βάση το πώς επηρεάζουν τον ίδιο, παραμελώντας συχνά τις προοπτικές των άλλων.

Παρόλο που αυτές οι εγκεφαλικές διαφορές διαμορφώνουν μια σύνθετη εικόνα, είναι σημαντικό να σημειωθεί ότι ο εγκέφαλος μπορεί να αλλάξει. Αυτή η έννοια, γνωστή ως νευροπλαστικότητα, προσφέρει ελπίδες για τη θεραπεία. Υποδηλώνει ότι, με τις κατάλληλες παρεμβάσεις, αυτά τα νευρωνικά πρότυπα μπορούν να αναδιαμορφωθούν. Αλλά η ανάπτυξη της ναρκισσιστικής διαταραχής προσωπικότητας δεν αφορά μόνο τη δομή του εγκεφάλου. Είναι μια σύνθετη αλληλεπίδραση μεταξύ της γενετικής, των παιδικών εμπειριών και του περιβάλλοντος. Ορισμένες γενετικές παραλλαγές μπορούν να αυξήσουν τον κίνδυνο ανάπτυξης ναρκισσιστικών χαρακτηριστικών, αλλά αυτά τα γονίδια αλληλεπιδρούν με τις εμπειρίες της ζωής, ιδίως κατά την παιδική ηλικία. Οι εμπειρίες παραμέλησης, κακοποίησης ή υπερβολικού επαίνου μπορούν να επηρεάσουν σημαντικά την ανάπτυξη του εγκεφάλου και να συμβάλουν στην ανάπτυξη ναρκισσιστικών χαρακτηριστικών.

Πρόσφατες έρευνες έχουν επίσης αρχίσει να διερευνούν πώς το χρόνιο στρες και η φλεγμονή μπορούν να διαδραματίσουν ρόλο στη ναρκισσιστική διαταραχή προσωπικότητας. Το μακροχρόνιο στρες μπορεί να διαταράξει το σύστημα απόκρισης του οργανισμού στο στρες, συμβάλλοντας ενδεχομένως στη συναισθηματική αστάθεια που παρατηρείται στη ναρκισσιστική διαταραχή προσωπικότητας.

Η κατανόηση αυτών των βιολογικών βάσεων έχει σημαντικές συνέπειες για τη θεραπεία. Οι παραδοσιακές ομιλητικές θεραπείες είχαν γενικά περιορισμένη επιτυχία με τους ναρκισσιστές, ενδεχομένως επειδή δεν αντιμετωπίζουν τις υποκείμενες εγκεφαλικές διαφορές. Ωστόσο, εμφανίζονται νέες προσεγγίσεις που λαμβάνουν υπόψη αυτούς τους νευρολογικούς παράγοντες. Για παράδειγμα, οι τεχνικές νευροανάδρασης στοχεύουν στην αύξηση της δραστηριότητας στον προμετωπιαίο φλοιό, η οποία μπορεί να βελτιώσει τη συναισθηματική ρύθμιση. Ορισμένοι ερευνητές διερευνούν φάρμακα που στοχεύουν σε συγκεκριμένα συστήματα νευροδιαβιβαστών που εμπλέκονται στη ναρκισσιστική διαταραχή προσωπικότητας, αν και η προσέγγιση αυτή απαιτεί προσεκτική μελέτη για να διασφαλιστεί η ασφάλεια και η αποτελεσματικότητα.

Αρκετές ψυχοθεραπευτικές προσεγγίσεις είναι πολλά υποσχόμενες για τη θεραπεία του ναρκισσισμού:

1. Η ψυχοθεραπεία με επίκεντρο τη μεταβίβαση (TFP) στοχεύει στην αντιμετώπιση των κατακερματισμένων εσωτερικών αναπαραστάσεων του εαυτού και των άλλων που συμβάλλουν στη ναρκισσιστική συμπεριφορά.

2. Η θεραπεία με βάση τη νοητικοποίηση (MBT) επικεντρώνεται στη βελτίωση της ικανότητας κατανόησης των δικών μας και των άλλων νοητικών καταστάσεων, βελτιώνοντας δυνητικά την ενσυναίσθηση και την κοινωνική νόηση.

3. Η θεραπεία σχήματος εργάζεται για τον εντοπισμό και την αλλαγή βαθιά ριζωμένων πεποιθήσεων και μοτίβων που βρίσκονται πίσω από τα ναρκισσιστικά χαρακτηριστικά.

Αν και οι θεραπείες αυτές διαφέρουν ως προς τις συγκεκριμένες προσεγγίσεις τους, όλες στοχεύουν στην αναδιαμόρφωση των νευρικών οδών που σχετίζονται με την αυτοαντίληψη και τις διαπροσωπικές σχέσεις.

Η αυξανόμενη κατανόηση της βιολογικής βάσης της ναρκισσιστικής διαταραχής προσωπικότητας τονίζει επίσης τη σημασία της έγκαιρης παρέμβασης. Ο έγκαιρος εντοπισμός των ατόμων που διατρέχουν κίνδυνο και η παροχή επαρκούς υποστήριξης μπορούν να μεταβάλουν την πορεία της ανάπτυξης της ναρκισσιστικής προσωπικότητας.

Καθώς η έρευνα συνεχίζεται, μπορούμε να περιμένουμε ακόμη πιο στοχευμένες και εξατομικευμένες θεραπείες για τη ναρκισσιστική διαταραχή προσωπικότητας. Η ενσωμάτωση της απεικόνισης του εγκεφάλου στο σχεδιασμό της θεραπείας θα μπορούσε να επιτρέψει την προσαρμογή των θεραπειών στα συγκεκριμένα νευρωνικά πρότυπα του κάθε ατόμου. Γεφυρώνοντας το χάσμα μεταξύ της νευροεπιστήμης και της ψυχολογίας, προχωράμε προς την κατεύθυνση αποτελεσματικότερων τρόπων θεραπείας αυτής της δύσκολης κατάστασης. Παρόλο που η ναρκισσιστική διαταραχή προσωπικότητας παραμένει πολύπλοκη, τα ευρήματα αυτά προσφέρουν έναν δρόμο που υπόσχεται καλύτερα αποτελέσματα για τα άτομα με ναρκισσιστικά χαρακτηριστικά και τους γύρω τους.

Κεφάλαιο 22: Αποκαλύπτοντας τον ναρκισσιστή

Στο επίκεντρο της ναρκισσιστικής συμπεριφοράς βρίσκεται ένα παράδοξο μείγμα μεγαλομανίας και ανασφάλειας, μια συνεχής ανάγκη για θαυμασμό σε συνδυασμό με μια βαθιά έλλειψη ενσυναίσθησης. Αυτός ο τοξικός συνδυασμός δημιουργεί μια καταστροφική δύναμη που εξαπλώνεται στις οικογένειες, στους χώρους εργασίας και στην κοινωνία γενικότερα. Όπως είδαμε, οι ναρκισσιστές καθοδηγούνται από μια ακόρεστη επιθυμία για εξουσία και έλεγχο, καταφεύγοντας συχνά στη χειραγώγηση, το ψέμα και τη συναισθηματική κακοποίηση για να διατηρήσουν την αντιληπτή ανωτερότητά τους.

Οι συνεχείς επιθέσεις, φανερές και συγκεκαλυμμένες, μπορεί να κάνουν τους ανθρώπους να αισθάνονται απελπισμένοι και να αμφισβητούν τη λογική τους. Αυτός ο ψυχολογικός πόλεμος είναι ιδιαίτερα ύπουλος επειδή συχνά περνά απαρατήρητος από τους άλλους, με τον μέσο άνθρωπο να αρνείται ή να απορρίπτει τα στοιχεία που βρίσκονται μπροστά στα μάτια του. Αυτή η τύφλωση της κοινωνίας στη ναρκισσιστική κακοποίηση διαιωνίζει έναν κύκλο θυματοποίησης και επιτρέπει στους ναρκισσιστές να συνεχίσουν ανεξέλεγκτα την καταστροφική τους συμπεριφορά.

Οι επιπτώσεις της ναρκισσιστικής κακοποίησης ξεπερνούν κατά πολύ το άμεσο θύμα, επηρεάζοντας ολόκληρες οικογένειες, ακόμη και τις μελλοντικές γενιές. Τα παιδιά που μεγαλώνουν σε σπίτια στα οποία κυριαρχούν ναρκισσιστές γονείς συχνά εσωτερικεύουν διαστρεβλωμένες απόψεις για την αγάπη και τις σχέσεις, εξισώνοντας τη σύγκρουση και τη συμφιλίωση με τη γνήσια στοργή. Αυτή η κανονικοποίηση των τοξικών δυναμικών μπορεί να οδηγήσει στη διαιώνιση των καταχρηστικών προτύπων, καθώς τα θύματα αναζητούν ασυνείδητα ή αναδημιουργούν χαοτικά οικογενειακά περιβάλλοντα στις ενήλικες σχέσεις τους. Τα αυξανόμενα ποσοστά των ανύπαντρων και άτεκνων ατόμων στις μεγάλες οικονομίες μπορούν να αποδοθούν, εν μέρει, στις προκλήσεις της πλοήγησης στις σχέσεις σε έναν κόσμο όπου η ναρκισσιστική συμπεριφορά γίνεται όλο και πιο κοινή.

Η λαϊκή κουλτούρα συχνά ρομαντικοποιεί αυτές τις έντονες και συναισθηματικά φορτισμένες σχέσεις, όπως αποδεικνύεται από την επιτυχία των μυθιστορημάτων με ναρκισσιστές. Αυτή η πολιτισμική γοητεία των ναρκισσιστικών δυναμικών συμβάλλει στην κανονικοποίηση της ψυχολογικής κακοποίησης και μπορεί να καταστήσει πιο δύσκολο για τα θύματα να αναγνωρίσουν και να ξεφύγουν από τοξικές καταστάσεις.

Η συνεχής έκθεση στην επικριτική και εγωκεντρική κοσμοθεωρία τους μπορεί να οδηγήσει τα θύματά τους σε άγχος, κατάθλιψη και ένα γενικό αίσθημα ανεπάρκειας. Η αδυναμία των ναρκισσιστών να αλλάξουν γνώμη ή να εξετάσουν εναλλακτικές προοπτικές δημιουργεί μια εξαντλητική δυναμική στην οποία οι άλλοι αναγκάζονται συνεχώς να αποδεικνύουν την αξία τους, συχνά ανεπιτυχώς. Αυτή η αδιάκοπη υποτίμηση μπορεί να υπονομεύσει την αυτοεκτίμηση και να οδηγήσει σε απώλεια κινήτρων και χαράς στη ζωή.

Η κοινωνική αναγνώριση του επιπολασμού και της καταστροφικής φύσης της ναρκισσιστικής συμπεριφοράς είναι απαραίτητη για τη δημιουργία ενός υποστηρικτικού περιβάλλοντος για τα θύματα και την απόδοση ευθυνών στους δράστες. Με την αποκάλυψη της καταστροφικής δύναμης που κρύβεται πίσω από τη ναρκισσιστική συμπεριφορά και την κατανόηση των εκτεταμένων συνεπειών της, μπορούμε να αρχίσουμε να αναπτύσσουμε στρατηγικές για την καταπολέμηση της επιρροής της και να προωθήσουμε υγιέστερες, πιο ενσυναισθητικές σχέσεις στην προσωπική μας ζωή και στην κοινωνία στο σύνολό της. Με μεγαλύτερη ευαισθητοποίηση, υποστήριξη και δέσμευση για προσωπική ανάπτυξη, είναι δυνατόν να απελευθερωθούμε από τον κύκλο της τοξικότητας και να ανακτήσουμε την αίσθηση της αυτοεκτίμησης.

Γλωσσάριο

Κακοποίηση: Επιβλαβής ή σκληρή μεταχείριση ενός άλλου ατόμου. Στο πλαίσιο της NPD, αυτό μπορεί να περιλαμβάνει συναισθηματική, ψυχολογική ή σωματική κακομεταχείριση.

Αμυγδαλή: Μια περιοχή του εγκεφάλου που εμπλέκεται στην επεξεργασία των συναισθημάτων. Στα άτομα με NPD, η σύνδεση μεταξύ της αμυγδαλής και του προμετωπιαίου φλοιού συχνά διαταράσσεται, οδηγώντας σε έντονες συναισθηματικές αντιδράσεις.

Βυρωνικός ήρωας: Αρχέτυπο χαρακτήρα που συχνά συνδέεται με ναρκισσιστικά χαρακτηριστικά, το οποίο χαρακτηρίζεται από μια σύνθετη, συχνά σκοτεινή προσωπικότητα που είναι ταυτόχρονα ελκυστική και απωθητική.

Διαταραχές προσωπικότητας ομάδας Β: Μια ομάδα διαταραχών προσωπικότητας που χαρακτηρίζεται από δραματική, υπερβολικά συναισθηματική ή ακανόνιστη σκέψη ή συμπεριφορά. Η NPD κατατάσσεται σε αυτή την ομάδα.

Συγκεκαλυμμένη εχθρότητα: Μια λεπτή μορφή επιθετικότητας κατά την οποία ο ναρκισσιστής εκφράζει την εχθρότητα έμμεσα, συνήθως μέσω παθητικο-επιθετικής συμπεριφοράς ή χειραγώγησης.

Δίκτυο προεπιλεγμένων λειτουργιών: Ένα σύνολο εγκεφαλικών περιοχών που είναι ενεργές όταν σκέφτονται τον εαυτό τους ή τους άλλους. Στην NPD, το δίκτυο αυτό παρουσιάζει αλλοιωμένα μοτίβα, συμβάλλοντας στην εγωκεντρική ερμηνεία των γεγονότων.

Ενσυναίσθηση: Ένα άτομο που είναι ιδιαίτερα ευαίσθητο στα συναισθήματα και τα συναισθήματα των άλλων. Οι ενσυναισθητικοί συχνά έλκονται από ναρκισσιστές, δημιουργώντας μια δυσλειτουργική δυναμική σχέσης.

Απόκρυψη συναισθημάτων: Μια τακτική που χρησιμοποιούν οι ναρκισσιστές (και μερικές φορές τα θύματά τους) για να ελέγχουν ή να τιμωρούν τους άλλους, παρακρατώντας τη στοργή ή την έγκριση.

Gaslighting: Μια μορφή ψυχολογικής χειραγώγησης κατά την οποία ο ναρκισσιστής κάνει το θύμα να αμφισβητεί τις δικές του αντιλήψεις, αναμνήσεις ή τη λογική του.

Μεγαλομανία: Μια διογκωμένη αίσθηση αυτοπεποίθησης, θεμελιώδες χαρακτηριστικό της NPD.

Έλλειψη ενσυναίσθησης: Η ανικανότητα να κατανοήσει ή να μοιραστεί τα συναισθήματα των άλλων, χαρακτηριστικό γνώρισμα της NPD.

Χειραγώγηση: Η πράξη του ελέγχου ή του επηρεασμού κάποιου με έξυπνο ή αδίστακτο τρόπο. Οι ναρκισσιστές χρησιμοποιούν συχνά τη χειραγώγηση για να επιτύχουν τους στόχους τους.

Θεραπεία βασισμένη στη νοητικοποίηση (MBT): Ψυχοθεραπευτική προσέγγιση που επικεντρώνεται στη βελτίωση της ικανότητας κατανόησης της δικής μας και των άλλων νοητικών καταστάσεων, βελτιώνοντας δυνητικά την ενσυναίσθηση και την κοινωνική νόηση σε άτομα με NPD.

Σύστημα κατοπτρικών νευρώνων: Ένα δίκτυο στον εγκέφαλο που μας βοηθά να κατανοούμε και να ενσυναισθανόμαστε με τους άλλους. Το σύστημα αυτό παρουσιάζει μειωμένη δραστηριότητα σε άτομα με NPD.

Ναρκισσιστική Διαταραχή Προσωπικότητας (NPD): Μια κατάσταση ψυχικής υγείας που χαρακτηρίζεται από μια διογκωμένη αίσθηση αυτοεκτίμησης, μια βαθιά ανάγκη για υπερβολική προσοχή και θαυμασμό και έλλειψη ενσυναίσθησης για τους άλλους.

Νευροπλαστικότητα: Η ικανότητα του εγκεφάλου να σχηματίζει νέες νευρικές συνδέσεις και να αλλάζει τη δομή του. Η έννοια αυτή προσφέρει ελπίδες για τη θεραπεία της NPD μέσω στοχευμένων παρεμβάσεων.

Προμετωπιαίος φλοιός: Μια περιοχή του εγκεφάλου απαραίτητη για την αυτογνωσία, την ενσυναίσθηση και τον συναισθηματικό έλεγχο. Τα άτομα με NPD παρουσιάζουν γενικά μειωμένη δραστηριότητα σε αυτή την περιοχή.

Σύστημα ανταμοιβής: Ο μηχανισμός του εγκεφάλου για την επεξεργασία της ευχαρίστησης και των κινήτρων. Στην NPD, το σύστημα αυτό είναι υπερβολικά ευαίσθητο στον έπαινο, αλλά λιγότερο ευαίσθητο στην αρνητική ανατροφοδότηση.

Αποδιοπομπαίος τράγος: Ένα άτομο που κατηγορείται ή επικρίνεται για τις παρανομίες, τα λάθη ή τις αποτυχίες των άλλων, ιδίως σε μια οικογενειακή ή ομαδική δυναμική που ελέγχεται από έναν ναρκισσιστή.

Σχηματική θεραπεία: Ψυχοθεραπευτική προσέγγιση που εργάζεται για τον εντοπισμό και την αλλαγή βαθιά ριζωμένων πεποιθήσεων και μοτίβων που διέπουν τα ναρκισσιστικά χαρακτηριστικά.

Αυτοεξευτελισμός: Η πράξη της ταπείνωσης ή της υποτίμησης του εαυτού μας. Οι ναρκισσιστές συχνά χρησιμοποιούν αυτή την τακτική στα θύματά τους για να διατηρήσουν τον έλεγχο.

Αυτοϋποτίμηση: Η πράξη της υποτίμησης ή της υποτίμησης του εαυτού μας, που συνήθως χρησιμοποιείται ως μηχανισμός άμυνας ή για να φανεί ταπεινός. Παράδειγμα: «Ω, είμαι απαίσιος μάγειρας. Πραγματικά δεν πρέπει να περιμένετε πολλά από το φαγητό μου».

Αυτοαγάπη: Μια κατάσταση εκτίμησης για τον εαυτό μας που αναπτύσσεται από ενέργειες που υποστηρίζουν τη σωματική, ψυχολογική και πνευματική ανάπτυξη. Στο πλαίσιο της θεραπείας της ναρκισσιστικής κακοποίησης, είναι απαραίτητο να αναπτυχθεί η αυτοαγάπη.

Ψυχοθεραπεία εστιασμένη στη μεταβίβαση (TFP): Μια ψυχοθεραπευτική προσέγγιση που στοχεύει στην αντιμετώπιση των κατακερματισμένων εσωτερικών αναπαραστάσεων του εαυτού μας και των άλλων που συμβάλλουν στη ναρκισσιστική συμπεριφορά.

Trauma-forced bonding: Ψυχολογικό φαινόμενο κατά το οποίο τα θύματα κακοποίησης δημιουργούν ισχυρούς συναισθηματικούς δεσμούς με τους θύτες τους, που συνήθως παρατηρείται σε σχέσεις στις οποίες εμπλέκονται ναρκισσιστές.

Φράσεις πυροδότησης: Συγκεκριμένες λέξεις ή προτάσεις που χρησιμοποιούνται από τους ναρκισσιστές για να προκαλέσουν συγκεκριμένες συναισθηματικές αντιδράσεις στα θύματά τους, συνήθως με σκοπό να χειραγωγήσουν, να μπερδέψουν ή να αγνοήσουν τις εμπειρίες του θύματος.

Αλλαγή της αξίας: Αλλαγή της συναισθηματικής φόρτισης ή του νοήματος μιας κατάστασης ή μιας σχέσης. Στο πλαίσιο της NPD, αυτό μπορεί να αναφέρεται στον τρόπο με τον οποίο τα θύματα μπορούν να υιοθετήσουν ναρκισσιστικά χαρακτηριστικά ως μηχανισμό αντιμετώπισης.

Θύμα: Ένα άτομο που έχει υποστεί ναρκισσιστική κακοποίηση. Μερικές φορές τα ίδια τα θύματα μπορούν να υιοθετήσουν ναρκισσιστικά χαρακτηριστικά ως μηχανισμό άμυνας.

Βιβλιογραφία

Αμερικανική Ψυχιατρική Εταιρεία (2013). Διαγνωστικό και στατιστικό εγχειρίδιο ψυχικών διαταραχών (5η έκδοση).

Arias, J. (2008). Η υπόθεση της Jodi Arias και του Travis Alexander: Χειραγώγηση και δολοφονία.

Blanchard, G. R. (2015). Η υπόθεση Gypsy Rose Blanchard: Κακοποίηση και αντίποινα.

Brontë, C. (1847). Jane Eyre. Smith, Elder & Co.

Broderick, B. (1989). Η υπόθεση Betty Broderick: Συναισθηματική κακοποίηση και αντίποινα.

Challen, S. (2019). Η υπόθεση Sally Challen: Αναγκαστικός έλεγχος και νομική προσφυγή.

Edwards, J. (2006). Η υπόθεση του John Edwards και της Rielle Hunter: Πολιτικό σκάνδαλο και προσωπική απώλεια.

Ghodratollahifard, M., Mohammadkhani, P., Pourshahbaz, A., & Dolatshahi, B. (2020). Παιδικό τραύμα και ανάπτυξη διαταραχών προσωπικότητας. Journal of Child Psychology and Psychiatry, 61(7), 789-796.

Girhotra, R. (1990). Η ιστορία της Ruchika Girhotra: Κακοποίηση και νομική μάχη.

Harris, C. (2002). Η υπόθεση της Clara Harris: Απιστία και δολοφονία.

Howard, J. (2022). Ζώντας το μαρτύριο: Κατανοώντας το συναισθηματικό τοπίο των θυμάτων κακοποίησης. Psychology Today.

Lahav, Y., Stein, D., Ginzburg, K., & Solomon, Z. (2020). Εσωτερική και εξωτερική επιθετικότητα σε θύματα ναρκισσιστικής κακοποίησης. Journal of Traumatic Stress, 33(2), 155-165.

Maffini, C. S., Goodman, G. S., Lyons, K. E., Newton, E. K., & Ogle, C. M. (2021). Γνωστική-συμπεριφορική θεραπεία με βάση το τραύμα για θύματα ναρκισσιστικής κακοποίησης. Clinical Psychology Review, 83, 101935.

Määttä, K., Uusiautti, S., & Määttä, M. (2012). Θύματα ναρκισσιστικής κακοποίησης. Journal of Personality Disorders, 26(6), 847-868.

Υπόθεση των αδελφών Μενέντεζ (1989). Ο Lyle και ο Erik Menendez καταδικάζονται για τη δολοφονία των γονέων τους.

Morgan Stanley (2021). Προβλέψεις για τις ανύπαντρες γυναίκες στις Ηνωμένες Πολιτείες και την Κίνα.

Κέντρο Ερευνών Pew. (2018). Συνήθειες ανάγνωσης στις Ηνωμένες Πολιτείες.

Rice, A. (1976). Συνέντευξη με το βαμπίρ. Alfred A. Knopf.

Rice, A. (1985). Ο βρικόλακας Lestat. Alfred A. Knopf.

Διάφοροι συγγραφείς. Νευροπλαστικότητα και θεραπευτικές προσεγγίσεις για τη ναρκισσιστική διαταραχή προσωπικότητας.

Διάφοροι συγγραφείς. Ψυχοθεραπεία εστιασμένη στη μεταβίβαση (TFP), θεραπεία βασισμένη στη νοητικοποίηση (MBT) και θεραπεία σχήματος για την NPD.

Παγκόσμιος Οργανισμός Υγείας (ΠΟΥ). Παγκόσμια ποσοστά αυτοκτονιών.

Αίτημα αναθεώρησης βιβλίου

Αγαπητέ αναγνώστη,

Σας ευχαριστούμε που αγοράσατε αυτό το βιβλίο! Θα ήθελα πολύ να ακούσω νέα σας. Η συγγραφή μιας βιβλιοκριτικής μας βοηθά να κατανοήσουμε τους αναγνώστες μας και επηρεάζει επίσης τις αποφάσεις αγοράς άλλων αναγνωστών. Η γνώμη σας είναι σημαντική. Παρακαλώ γράψτε μια κριτική βιβλίου! Η καλοσύνη σας εκτιμάται πολύ!

Σχετικά με τον συγγραφέα

Ο Dan Desmarques είναι ένας διάσημος συγγραφέας με αξιοσημείωτη πορεία στον κόσμο της λογοτεχνίας. Με ένα εντυπωσιακό χαρτοφυλάκιο 28 μπεστ σέλερ στο Amazon, συμπεριλαμβανομένων οκτώ #1 μπεστ σέλερ, ο Dan είναι μια αξιοσέβαστη προσωπικότητα στον κλάδο. Αξιοποιώντας το υπόβαθρό του ως καθηγητής πανεπιστημίου ακαδημαϊκής και δημιουργικής γραφής, καθώς και την εμπειρία του ως έμπειρος σύμβουλος επιχειρήσεων, ο Dan προσφέρει έναν μοναδικό συνδυασμό τεχνογνωσίας στο έργο του. Οι βαθιές ιδέες του και το μεταμορφωτικό του περιεχόμενο απευθύνονται σε ένα ευρύ κοινό, καλύπτοντας θέματα τόσο διαφορετικά όσο η προσωπική ανάπτυξη, η επιτυχία, η πνευματικότητα και το βαθύτερο νόημα της ζωής. Μέσα από τα γραπτά του, ο Dan ενδυναμώνει τους αναγνώστες να απελευθερωθούν από τους περιορισμούς, να απελευθερώσουν το εσωτερικό τους δυναμικό και να ξεκινήσουν ένα ταξίδι αυτογνωσίας και μεταμόρφωσης. Σε μια ανταγωνιστική αγορά αυτοβοήθειας, το εξαιρετικό ταλέντο και οι εμπνευσμένες ιστορίες του Dan τον κάνουν να ξεχωρίζει ως συγγραφέα, παρακινώντας τους αναγνώστες να ασχοληθούν με τα βιβλία του και να ξεκινήσουν ένα μονοπάτι προσωπικής ανάπτυξης και διαφώτισης.

Επίσης γραμμένο από τον συγγραφέα

1. 66 Days to Change Your Life: 12 Steps to Effortlessly Remove Mental Blocks, Reprogram Your Brain and Become a Money Magnet

2. A New Way of Being: How to Rewire Your Brain and Take Control of Your Life

3. Abnormal: How to Train Yourself to Think Differently and Permanently Overcome Evil Thoughts

4. Alignment: The Process of Transmutation Within the Mechanics of Life

5. Audacity: How to Make Fast and Efficient Decisions in Any Situation

6. Christ Cult Codex: The Untold Secrets of the Abrahamic Religions and the Cult of Jesus

7. Codex Illuminatus: Quotes & Sayings of Dan

Desmarques

8. Collective Consciousness: How to Transcend Mass Consciousness and Become One With the Universe

9. Creativity: Everything You Always Wanted to Know About How to Use Your Imagination to Create Original Art That People Admire

10. Deception: When Everything You Know about God is Wrong

11. Demigod: What Happens When You Transcend The Human Nature?

12. Discernment: How Do Your Emotions Affect Moral Decision-Making?

13. Eclipsing Mediocrity: How to Unveil Hidden Realities and Master Life's Challenges

14. Fearless: Powerful Ways to Get Abundance Flowing into Your Life

15. Feel, Think and Grow Rich: 4 Elements to Attract Success in Life

16. Find Your Flow: How to Get Wisdom and Knowledge from God

17. Holistic Psychology: 77 Secrets about the Mind That They Don't Want You to Know

18. How to Change the World: The Path of Global Ascension Through Consciousness

19. How to Get Lucky: How to Change Your Mind and Get Anything in Life

20. How to Improve Your Self-Esteem: 34 Essential Life Lessons Everyone Should Learn to Find Genuine Happiness

21. How to Study and Understand Anything: Discovering The Secrets of the Greatest Geniuses in History

22. Legacy: How to Build a Life Worth Remembering

23. Religious Leadership: The 8 Rules Behind Successful Congregations

24. Reset: How to Observe Life Through the Hidden Dimensions of Reality and Change Your Destiny

25. Resilience: The Art of Confronting Reality Against the dds

26. Singularity: What to Do When You Lose Hope in Everything

27. Spiritual Warfare: What You Need to Know About Overcoming Adversity

28. Starseed: Secret Teachings about Heaven and the Future of Humanity

29. Technocracy: The New World Order of the Illuminati and The Battle Between Good and Evil

30. The 10 Laws of Transmutation: The Multidimensional Power of Your Subconscious Mind

31. The 14 Karmic Laws of Love: How to Develop a Healthy and Conscious Relationship With Your Soulmate

32. The 33 Laws of Persistence: How to Overcome Obstacles and Upgrade Your Mindset for Success

33. The 36 Laws of Happiness: How to Solve Urgent Problems and Create a Better Future

34. The Alchemy of Truth: Embracing Change and Transcending Time

35. The Antagonists: What Makes a Successful Person Different?

36. The Antichrist: The Grand Plan of Total Global Enslavement

37. The Awakening: How to Turn Darkness Into Light and Ascend to Higher Dimensions of Existence

38. The Egyptian Mysteries: Essential Hermetic Teachings for a Complete Spiritual Reformation

39. The Evil Within: The Spiritual Battle in Your Mind Deception: When Everything You Know about God is W

rong

40. The Game of Life and How to Play It: How to Get Anything You Want in Life

41. The Hidden Language of God: How to Find a Balance Between Freedom and Responsibility

42. The Most Powerful Quotes: 400 Motivational Quotes and Sayings

43. The Secret Beliefs of The Illuminati: The Complete Truth About Manifesting Money Using The Law of Attraction That is Being Hidden From You

44. The Secret Empire: The Hidden Truth Behind the Power Elite and the Knights of the New World Order

45. The Secret Science of the Soul: How to Transcend Common Sense and Get What You Really Want From Life

46. The Spiritual Laws of Money: The 31 Best-kept Secrets to Life-long Abundance

47. The Spiritual Mechanics of Love: Secrets They Don't Want You to Know about Understanding and Processing Emotions

48. Unacknowledged: How Negative Emotions Affect Your Mental Health?

49. Unapologetic: Taking Control of Your Mind for a Happier and Healthier Life
50. Uncommon: Transcending the Lies of the Mental Health Industry
51. Unlocked: How to Get Answers from Your Subconscious Mind and Control Your Life
52. Your Full Potential: How to Overcome Fear and Solve Any Problem
53. Your Soul Purpose: Reincarnation and the Spectrum of Consciousness in Human Evolution

Σχετικά με τον εκδότη

Το βιβλίο αυτό εκδόθηκε από την 22 Lions Publishing.

www.22Lions.com

www.ingramcontent.com/pod-product-compliance
Lightning Source LLC
LaVergne TN
LVHW051024051026
849532LV00004BA/1358
9798330447961